Fröhliche Winterzeit

Basteln für die ganze Familie

Inhalt

Vorwort ... 4
Serviceteil ... 5

Adventszauber ... 12

Glockengeläut ... 14
Glänzende Faltsterne ... 15
Festliches Ensemble ... 16
Urige Räuchermännchen ... 18
Wichtel im Walde ... 20
Würmchen ... 21
Bunte Krippe ... 22
Rentier-Adventskalender ... 24
Erdnuss-Schmuck ... 26
Duftende Ausstechformen ... 27
Gesteck in Gold-Natur ... 28
Stimmungsvolle Laterne ... 29
Bären auf der Leiter ... 30
Festliche Adventsdeko ... 32
Engelschor ... 34
Süße Engelchen ... 35
Adventsschmuck aus Wabenpapier ... 36
Winterliche Klemmentinis ... 38
Wiegenkinder ... 40
Liebenswerte Adventsboten ... 41
Leckere Lebkuchen ... 42
Geflochtene Herzen ... 43

Bald ist Weihnachten ... 44
Bunter Schneespaß ... 46
Schaukelpferdchen ... 47
Wichtelpaar ... 48
Adventslichter ... 50
Weihnachtlich beleuchtet ... 52
Glänzende Sternornamente ... 54
Regenbogensterne ... 55
Weihnachtliche Girlande ... 56

Hallo, lieber Nikolaus! ... 58

Ho, Ho, Ho, hereinspaziert! ... 60
Weihnachtsmann mit Elch ... 61
Weihnachtssocke und Anhänger ... 62
Pst, hier schläft jemand! ... 64
Hurra, der Nikolaus war da! ... 65
Nikolaus und Nikobär auf der Piste ... 66
Eine Ballonfahrt ... 68
Nikolaus' Mondfahrt ... 69
Weihnachtsmann ... 70
Fensterkette ... 71
Fröhliche Weihnachten ... 72
Santa und seine Rentiere ... 74
Nikolaus, der Bischof von Myra ... 76
Lustige Faltbänder ... 78

Weihnachtszeit – schöne Zeit! 80

Weihnachtskätzchen	82
Weihnachts-Alphabet	84
Glöckchenwichtel	86
Herzige Baumdekoration	87
Weihnachtsgrüße	88
Schenken mit Herz	90
Lustige Nüsse, Zapfen und Co.	92
Frosty und Santa	94
Mäuschen	95
Festliche Kerzen	96
Schön verpackt	98
Weihnachtswichtel	99
Weihnachtliche Tischdeko	100
Gingerbread	102
Geschenkanhänger aus Jute	103
Strohsterne	104
Glitzernder Baumschmuck	106
Weihnachtsbaumkugeln	107
Caspar, Melchior und Balthasar	108
Die Heiligen Drei Könige	109

Weißer Winter 110

Fröhliche Winterzeit	112
Weihnachten im ewigen Eis	114
Futterkrippe im Wald	116
Drei Schneemänner	117
Schlaf, Schneemann, schlaf!	118
Deko-Schlitten	119
Windlichter	120
Leuchtender Treppenschmuck	121
Schneemänner	122
Eisbärenfamilie	124
Grüße vom Nordpol	126
Schneezauber	128
Im Winterwald	129
Schneemann und Mäuse	130
Dekorierter Zapfen	132
Himmlische Musikanten	133
Windlichter	134
Coole Freunde	135
Kecke Rentiere	136
Ski-Hase	137

Vorlagen 138
Impressum 172

Vorwort

Das Basteln und Dekorieren ist mit der Weihnachtszeit genauso eng verknüpft wie der Duft von Zimt und Glühwein, der warme Schein von Kerzen auf dem Adventskranz und der Geschmack von Plätzchen und Lebkuchen.

In diesem Buch finden Sie viele Anregungen zur weihnachtlichen Gestaltung mit den verschiedensten Materialien und Motiven. Ob Sie nun neue Ideen für Christbaumschmuck suchen oder Ihre Krippe in diesem Jahr selbst basteln wollen – Ihrer Kreativität sind keine Grenzen gesetzt. Gestalten Sie lustige Rentier-Klemmentinis und filigrane Fensterbilder aus Papier und Windowcolor, flechten Sie klassische Strohsterne und stellen Sie Ihr persönliches Geschenkpapier her. Ein Adventskalender darf natürlich in keinem Haus fehlen – in diesem Buch finden Sie ansprechende Alternativen zu den altbekannten Modellen.

Die Hilfestellungen zu den verschiedenen Techniken und Materialien und die detaillierten Vorlagebögen ab Seite 138 machen das Basteln zum Kinderspiel!

Wir wünschen Ihnen viel Spaß beim Ausprobieren und eine besinnliche Vorweihnachtszeit!

Damit Sie gleich auf den ersten Blick erkennen können, ob ein Motiv einfach und schnell gebastelt werden kann oder etwas mehr Zeit benötigt, ist immer ein Schwierigkeitsgrad in Form von Sternchen angegeben:

  einfaches Motiv

  etwas schwierigeres Motiv

  anspruchsvolles Motiv

Ein Sternchen bedeutet, dass das abgebildete Motiv recht einfach nachzuarbeiten ist. Hier können oft auch schon Kinder ab etwa 5 Jahren mitbasteln. Sind zwei Sternchen angegeben, sollten Sie mehr Zeit einplanen, da die Modelle etwas aufwändiger sind. Drei Sterne kennzeichnen anspruchsvolle Motive, für die Sie ein wenig Übung und Geduld benötigen, z. B. größere, aus Holz gesägte Motive oder Figuren aus vielen Einzelteilen.

Serviceteil

GRUNDAUSSTATTUNG

Folgende Materialien und Werkzeuge sollten Sie zur Hand haben. Sie werden für die meisten Motive im Buch benötigt und in den einzelnen Materiallisten nicht mehr separat aufgeführt.

- Bleistift, Radiergummi, Anspitzer
- Kugelschreiber
- feine und dicke Permanentmarker oder Filzstifte in Schwarz und Rot
- Lackmalstift in Weiß
- Buntstift in Rot
- Lineal, Geo®-Dreieck
- Schere
- Cutter (Schneidemesser) mit geeigneter Schneideunterlage
- Paus- oder Kopierpapier, Kreidepapier, Transparentpapier
- dünne Pappe für Schablonen
- Prickel- bzw. Vorstechnadel mit weicher Unterlage
- Nähnadel in verschiedenen Stärken
- Nähfaden in verschiedenen Farben
- Haar- und Borstenpinsel in verschiedenen Stärken
- Malschwämmchen
- scharfes Messer, Seitenschneider
- Flach- und Rundzange, Bastelzange
- Lochzange, Bürolocher
- Lappen oder Küchenpapier
- Klebestift
- Klebefilm
- schmales, doppelseitiges Klebeband
- UHU Alleskleber, UHU Alleskleber kraft
- Heißklebepistole
- Schaschlikstäbchen, Zahnstocher
- Wäscheklammern

Hinweis

Mit „Rest" ist immer ein Stück gemeint, das maximal die Größe A5 hat.

So geht es

Vorlagen übertragen

Mit Schablonen

Dafür das Transparentpapier auf die Vorlage legen und darauf die Einzelteile des Motivs ohne Überschneidungen mit einem Bleistift übertragen. Dann das Transparentpapier auf dünne Pappe kleben und daraus die Motivteile exakt ausschneiden –

fertig sind die Schablonen. Diese auf den gewünschten Untergrund legen und die Konturen nachziehen. Das Arbeiten mit Schablonen bietet sich vor allem für das Anfertigen mehrerer gleicher Motive an.

Mit Transparentpapier

Dafür das Transparentpapier auf die Vorlage legen und das Motiv mit einem weichen Bleistift nachzeichnen. Dann das Transparentpapier abnehmen und die Rückseite der Zeichnung mit einem weichen Bleistift nachzeichnen. Das Transparentpapier wie-

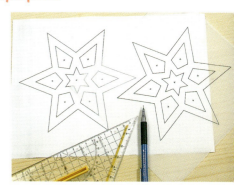

der wenden und auf das Tonpapier, das Holz o. Ä. legen. Wenn man die Linien noch einmal mit einem harten Bleistift nachzieht, dann überträgt sich der auf der Rückseite haftende Bleistiftgrafit auf den Untergrund. Das Übertragen der Vorlagen mit Transparentpapier bietet sich besonders für Einzelstücke an.

Mit Kopier-, Paus- bzw. Kohlepapier

Dafür das Kopierpapier mit der beschichteten Seite nach unten und darüber die Vorlage – entweder im Original, als Kopie oder auf Transparentpapier abgepaust – auf den gewünschten Untergrund legen, mit Klebefilmstreifen fixieren und die Konturen mit einem Bleistift nachziehen. Diese Art und Weise, Vorlagen zu übertragen, bietet sich besonders bei Holzarbeiten an.

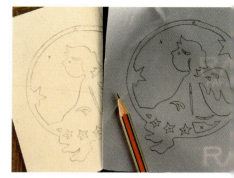

Fensterbilder

Filigrane Motive

MATERIAL

* siehe Grundausstattung Seite 5

1 Das ausgewählte Motiv auf Transparentpapier übertragen.

2 Das Transparentpapier von der Vorlage abnehmen, wenden und auf den ausgewählten Fotokarton bzw. das Tonpapier legen. Mit einem harten, spitzen Bleistift die Linien kräftig nachzeichnen.

3 Das Motiv nun mit einem Cutter ausschneiden. Eventuell vorhandene Bleistiftstriche sollten mit einem weichen Radiergummi entfernt werden. Ggf. das Motiv wenden. Filigrane Motive aus einfarbigem Papier oder Karton können grundsätzlich beidseitig verwendet werden.

Zusammengesetzte Motive

1 Für das gewünschte Motiv z. B. eine Schablone gemäß Anleitung auf Seite 5 herstellen.

2 Die Schablone auf das Tonpapier oder den Fotokarton in der gewünschten Farbe legen und mit einem dünnen Bleistift umfahren. Die Form ausschneiden. Manche Motive bestehen aus mehreren Teilen, welche nach dem Zuschneiden noch zusammengeklebt werden. Die Vorlagen sind hier beim Positionieren der Teile sehr hilfreich.

MATERIAL

* siehe Grundausstattung Seite 5
* ggf. Klebepads

3 Das Motiv ausschmücken, z. B. mit einem Gesicht oder mit Haaren. Zum Aufzeichnen des Gesichts können Filz- und Buntstifte verwendet werden. Ein winziger weißer Punkt auf jedem Auge belebt das Gesicht. Die weißen Punkte mit Lackmalstift auftupfen. Ist der weiße Punkt etwas zu groß geraten, entweder mit dem Bleistift oder Filzstift überdecken oder mit der Cutterspitze abschaben. Die Wangen mit Buntstift röten. Ein hübscher, aquarellartiger Effekt entsteht, wenn die Wangenfarbe anschließend mit einem angefeuchteten Wattestäbchen verrieben wird. Als Nasen können auch kleine farbige Klebepunkte verwendet werden.

Hexentreppen

Die Enden von zwei gleich langen und gleich breiten Papierstreifen rechtwinklig aufeinanderkleben. Den unteren (auf dem Beispielfoto weißen) Streifen über den oberen, roten Streifen falten. Den roten Streifen wiederum über den weißen falten und immer so fortfahren, bis die Hexentreppe die gewünschte Länge erreicht hat. Als Orientierungshilfe für die Länge der Treppe werden die Zacken auf der linken und auf der rechten Seite gezählt. Die Streifen in der Materialliste sind etwas länger angegeben, um eventuelle kleine Abweichungen beim Falten auszugleichen. Die überstehenden Streifenenden werden dann einfach abgeschnitten. Damit sich die Hexentreppe nicht löst, wird je nach Motiv der letzte oder der vorletzte Faltabschnitt angeklebt.

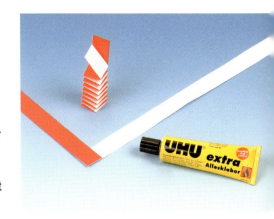

Windowcolor

MATERIAL

* Malfolie (z. B. Prospekthüllen aus PE oder PP), Windrad-, Mobile- oder Adhäsionsfolie, 0,2-0,7 mm stark
* Stecknadel

1 Das ausgewählte Motiv direkt von der Vorlage auf die benötigte Folie übertragen. Dazu die Folie mit kleinen Klebefilmstreifen auf der Vorlage fixieren. Anschließend das Motiv mit der entsprechenden Konturenfarbe nachziehen.

2 Die Konturen am besten über Nacht trocknen lassen. Auf keinen Fall in den ersten drei Stunden die Farbe berühren, da die Zeichnung dann sehr schnell verwischt.

3 Wenn die Konturen vollständig getrocknet sind, kleine Fehler oder unsaubere Linien noch mit dem Cutter korrigieren und evtl. neu nachzeichnen. Dabei nicht zu viel Druck ausüben, damit die Folie nicht zerschnitten wird. Anschließend die Flächen in den gewünschten Farben bis zum Rand ausfüllen. Windowcolor sehr großzügig auftragen, sie schrumpft im Trocknungsprozess erheblich. Wird die Farbe zu sparsam aufgetragen, wirkt sie nach dem Trocknen eher blass. Für fließende Übergänge mit dem Schaschlikstab oder einem Zahnstocher die noch frischen Farben ineinanderziehen. Dabei öfters die Spitze des Stabes mit einem Tuch sauberwischen, sonst wirkt die Farbenmischung unrein.

4 Wenn das Motiv mit Glaskügelchen oder Streuflitter verziert werden soll, diese in die noch feuchte Farbe einstreuen.

5 Das fertig ausgemalte Bild vollständig trocknen lassen. Die Farbe braucht je nach Hersteller ca. 24 Stunden, bis sie ganz getrocknet ist. Anschließend das Motiv vorsichtig von der Folie abziehen, ggf. mit der Adhäsions-, Windrad- oder Mobilefolie ausschneiden und aufkleben.

Tipps & Tricks

▶ Mit Konturenfarbe lässt sich leichter malen, wenn sie in kleine Plastikflaschen abgefüllt wird.

▶ Da die Farben in getrocknetem Zustand anders aussehen als in den Tuben, empfiehlt es sich, Farbmuster auf ein Stückchen Folie zu malen. Das erleichtert die Farbauswahl.

▶ Beim Arbeiten mit Windowcolor entstehen oft kleine Luftbläschen. Man sieht sie manchmal erst, wenn die Farbe getrocknet ist. Halten Sie die Malfolie mit der frisch aufgetragenen Farbe gegen eine Lampe oder ein Fenster. Wenn Sie die kleinen Bläschen sehen, können Sie diese jetzt noch mit einer Nadel aufstechen.

▶ Wenn Sie ein Bild wieder vom Fenster ablösen wollen, kann das bei kalten Temperaturen manchmal schwierig sein. Windowcolor wird dann hart und spröde und bricht leicht. Warten Sie, bis die Sonne die Scheibe erwärmt hat oder verwenden Sie einen Föhn.

▶ Falls Sie Motive verschenken oder lagern wollen, sollten Sie immer eine Folie zwischen die einzelnen Bilder legen, damit sie nicht zusammenkleben.

▶ Mit schwarzem Filzstift lassen sich fehlerhafte schwarze Konturen ausbessern.

Holz

MATERIAL UND WERKZEUGE

* Schneiderkopierpapier
* Laub- oder Dekupiersäge
* Schleifpapier, z. B. mit einer Körnung von 80, 120 oder 240
* evtl. Schraubzwinge
* Holzfeile
* Hammer
* Bohrmaschine oder Akkuschrauber

1 Zuerst alle Motivteile auf das Sperrholz übertragen. Dazu das Schneiderkopierpapier mit der beschichteten Seite nach unten auf das Sperrholz legen, darüber die Vorlage platzieren und die Konturen mit einem Bleistift oder Kugelschreiber nachziehen. Zusätzliche Einzelteile mit etwas Abstand zum Grundmotiv auf das Sperrholz übertragen. Darauf achten, dass die Motivteile nicht überlappen.

2 Alle Teile mit der Laub- oder Dekupiersäge aussägen. Die Kanten sorgfältig mit Schleifpapier glätten. Für das Aussägen innen liegender Bereiche zunächst ein großes Loch in die Fläche bohren (Bohrer mit ø 6 mm), das Sägeblatt durchführen und die Fläche aussägen.

3 Alle Teile wie abgebildet bemalen und trocknen lassen. Danach die Augen und Innenlinien mit einem dünnen schwarzen Stift ergänzen. Für das Weiß der Augen und kleine Lichtreflexe wird bei einigen Modellen ein weißer Lackmalstift verwendet. Zum Schluss alle benötigten Löcher bohren und die Teile wie in der jeweiligen Anleitung beschrieben zusammensetzen. Für den Außenbereich oder einen schönen Glanz das Motiv mit wetterfestem Klarlack behandeln.

Tipps & Tricks

▸ Die Angaben in diesem Buch sind Mindestangaben. Ein etwas größeres Stück lässt sich beim Aussägen besser festhalten und ist dadurch sicherer zu handhaben.

▸ Um ein Ineinanderfließen der Farben zu vermeiden, sollte die erste Farbe vollständig trocken sein, bevor die nächste aufgetragen wird.

▸ Zum Aufmalen der Augen oder Nasen evtl. eine Kreis- oder Ellipsenschablone verwenden.

▸ Soll das Motiv alt wirken, empfiehlt sich Krakelierlack. Wenn das Motiv damit bestrichen wird, entstehen feine Risse. Dafür als Erstes das ausgesägte Holzteil mit der gewünschten Grundfarbe streichen und trocknen lassen. Nun die Teile mit Krakelierlack bestreichen. Wenn auch dieser trocken ist, alles mit der gewünschten Farbe bemalen. Die Farben sollten zügig und möglichst in eine Richtung aufgetragen werden. Die kleinen Risse entstehen schnell.

▸ Für schöne Drahtlocken die Drahtenden um einen runden Stab wickeln, z. B. einen Pinselstiel.

MATERIAL

* Küchentuch aus Stoff oder dünnes Handtuch
* Prägestift, dünne Stricknadel oder leergeschriebener Kugelschreiber

Metallfolie prägen

1 Das auf Transparentpapier übertragene Motiv mit Klebestreifen auf der zugeschnittenen Metallprägefolie fixieren und auf eine weiche Unterlage, z. B. ein gefaltetes Küchentuch, legen. Mit dem dünnen Ende des Prägestiftes, einer dünnen Stricknadel oder einem Kugelschreiber die Prägelinien auf die Folie übertragen. Gerade Linien können Sie auch mithilfe eines Lineals ziehen.

2 Das Transparentpapier abnehmen und die Linien mit der dickeren Kugel des Prägestiftes oder einer Stricknadel kräftig nachziehen, sodass sie auf der Rückseite durchgehend vorstehen. Wölbungen lassen sich besonders gut mit einer großen Metallkugel eindellen.

3 Jetzt das Motiv ausschneiden. Metallprägefolie lässt sich leicht mit der Schere schneiden. Achten Sie darauf, die Linien immer von außen nach innen zu schneiden, sodass Sie die Folie nicht zu stark drehen müssen. So verbiegen Sie die Folie nicht. Am besten sieht es aus, wenn Sie etwa 1 mm neben dem Prägerand schneiden. Kleine Rundungen lassen sich gut mit der Nagelschere schneiden. Kleine Löcher stechen Sie mit einer Vorstech- oder Prickelnadel. Dabei das Motiv immer auf der Unterlage liegenlassen.

Basteln mit Wabenpapier

Wabenpapier gibt es in verschiedenen Formaten und Farben sowie in einer sechsfarbigen Regenbogenversion. Ein Bogen besteht aus 26 bis 42 Lagen Seidenpapier, die mit Klebelinien verbunden und ca. 2 mm stark sind. Wabenpapier ist außerdem in verschiedenen Wabengrößen erhältlich (z. B. 2,5–3,5 cm).
Die Wabenschnittteile sind grundsätzlich gestrichelt und als halbe Vorlage eingezeichnet, da sie später aufgefächert werden. Für vollplastische Motive ist aus Stabilitätsgründen eine ganze Grundform aus Tonkarton erforderlich. Diese ist mit einem durchgehenden, dickeren Strich markiert.

Zuschnitt

Auf dem Schnittteil ist jeweils ein Richtungspfeil eingezeichnet, dieser muss unbedingt parallel zu den Klebenähten verlaufen. Motivteile aus Wabenpapier müssen unbedingt symmetrisch sein, da sie immer halbiert ausgeschnitten und dann aufgefächert werden.

Zusammenfügen von zwei Halbformen

Für eine Kugel oder andere Formen bis zu ø 10 cm genügt für jede Seite meist ein Wabenpapierzuschnitt, der jeweils auf eine Grundform aus Tonkarton in der zum Wabenteil passenden Farbe aufgeklebt wird. Diese Form ist geringfügig kleiner als das später aufgefächerte Wabenteil. Die beiden beklebten Grundplatten werden nach dem Trocknen des Klebstoffes deckungsgleich zu einer Form zusammengefügt. Dagegen kann bei Tonkartonmotiven wie z. B. dem Nikolaus auf Seite 10 der „Wabenbauch" für das Vorderteil direkt auf das ausgeschnittene Teil geklebt werden. Wenn die Rückseite ebenfalls mit Waben gestaltet wird, ist es auch hier empfehlenswert, das Wabenteil zuerst zusätzlich auf eine Grundplatte aus Tonkarton in passender Farbe aufzukleben (vgl. Hinweis Seite 10).

Zusammenfügen von mehreren Teilen

Bei Formen mit einem Durchmesser von mehr als 10 cm müssen zusätzlich noch ein oder mehrere Teile angefügt werden, da sonst die Spannung der Waben zu stark wird (z. B. Tannenbaum). Hier erhalten die beiden Außenseiten der zusammengeklebten Wabenpapierteils als Abschluß je eine halbierte Grundplatte aus Tonkarton, die etwas kleiner als der Zuschnitt für das Wabenpapier ist. Nach dem Trocknen des Klebstoffes kann die Form geschlossen werden. Wenn mehr als zwei Teile verwendet werden, ist dies in der Beschreibung angegeben.

Tipps & Tricks

- Klebenähte werden am besten zuerst mit Wäsche- oder Büroklammern fixiert.
- Verwenden Sie Klebstoff nur sehr sparsam. Am besten fixieren Sie nur mit kleinen Klebepunkten.
- Zum Auffächern des Wabenpapiers sind Stricknadeln oder Schaschlikstäbe eine gute Hilfe.

Hinweis

Wenn die Figuren sitzen oder frei aufgehängt werden sollen, müssen Vorder- und Rückseite mit Wabenpapierteilen gestaltet werden. Für ein Fensterbild genügt die einseitige Gestaltung. Die meisten im Buch gezeigten Motive können zum Sitzen, Hängen oder Stecken gearbeitet oder als Fensterbild abgewandelt werden. Wenn das Motiv beidseitig mit Wabenteilen gearbeitet werden soll, ist es zweckmäßig, das zweite Wabenteil auf eine Grundplatte aus Tonkarton in passender Farbe, etwas kleiner als das später aufgefächerte Wabenteil, zu kleben. So wird beim Aufkleben das bereits befestigte Teil nicht zerdrückt.

Schritt für Schritt erklärt

1 Zuerst die Grundform des Nikolaus aus Tonkarton sowie sämtliche Einzelteile wie Gesichtsform, Bart, Mützensaum, Pompon, Arme mit Händen und Ärmelaufschläge mit Schablonen aus Tonkarton ausschneiden (siehe Seite 5).

2 Für den Kopf sämtliche Einzelteile in der Reihenfolge Gesichtsteil, Bart, Mützensaum, Pompon, Mundteil und Schnauzbart aufkleben. Augen und Nase mit Filzstiften aufmalen und die Armteile zusammenfügen.

3 Jetzt entsteht der „Wabenbauch": Das Wabenpapier wird nur als halbe Form zugeschnitten (Vorlage mit gestrichelter Linie), da es später aufgefächert wird. Unbedingt beim Zuschnitt den eingezeichneten Richtungspfeil beachten! Bei beidseitigem Bekleben der Figuren müssen zwei Teile zugeschnitten werden.

4 Nun wird die Mittelachse (gerade Kante) des Wabenpapierteils mit Klebstoff versehen und genau in der Mitte auf dem Schnittteil (gerade, gestrichelte Linie) angeordnet.

5 Nach dem Trocknen des Klebstoffes wird zunächst der erste Viertelkreis des Wabenpapierteils mithilfe von zwei Schaschlikstäbchen oder Stricknadeln geöffnet und festgeklebt. Nach dem Trocknen des Klebstoffes ziehen Sie die andere Seite, die ebenfalls festgeklebt wird, zur Grundform hin. Mit Wäscheklammern fixieren.

6 Die Arme, zwei Moosgummikugeln als Schuhe, Skier sowie Skistöcke befestigen. Je nach Verwendungszweck noch ein weiteres Wabenteil auf dem Rücken anbringen.

Basteln mit Eierschachteln

1 Man unterscheidet zwischen Eierschachteln für sechs oder zehn Eier und Eierpaletten für 30 Eier. Die geformten Vertiefungen für die Eier werden im Buch als Schälchen bezeichnet. Zwischen den Schälchen stehen zur Stabilisierung der Eier zapfenförmige Erhebungen, im Folgenden Zapfen genannt. Diese sind entweder kurz oder hoch, zudem gibt es eine Form, die oben nicht spitz zuläuft, sondern stumpf. Sowohl einige Schachteln als auch Paletten haben Zapfen mit Löchern. Paletten haben eine glatte Oberseite, wohingegen die Unterseite leicht strukturiert ist.

2 Jeder Zapfen hat vier Kanten. Wird ein Zapfen aus der Schachtel geschnitten, ergeben sich an den Kanten automatisch zackenförmige Einschnitte. Die vier Seitenteile können rund, spitz oder gerade zugeschnitten werden.

3 Für Schuhe, Füße und andere ebene Motivteile den Deckel der Eierschachtel verwenden. Dieser ist in den Materiallisten nicht aufgeführt.

4 Die Motivteile aus Eierkarton lassen sich im angefeuchteten Zustand ganz leicht biegen: Das Teil entsprechend der Anleitung zuschneiden. Die Partie, die verformt werden soll, beidseitig mit einem Pinsel anfeuchten. Das Motivteil einige Minuten beiseite legen, bis sich der Eierkarton nass und weich anfühlt. Anschließend die angefeuchteten Partien mit Zeigefinger und Daumen stets von innen nach außen in Form biegen. Danach zum Trocknen auf eine Zeitung oder ein Stück Küchenkrepp legen.

5 Die Figuren werden meist vor dem Zusammensetzen bemalt. Es ist ratsam, die Figuren immer mit weißer Acrylfarbe zu grundieren. Dadurch gewinnt der Eierkarton auch an Stabilität. Danach den entsprechenden Farbton auftragen.

Adventszauber

Mit dem Entzünden der ersten Kerze auf dem Adventskranz rückt das Weihnachtsfest in greifbare Nähe. In den kommenden vier Wochen ist allerhand zu tun: Es werden Plätzchen gebacken, Wohnungen und Gärten festlich geschmückt, Weihnachtsschmuck und Geschenke gebastelt und täglich wird voller Spannung erwartet, mit welcher Überraschung der Adventskalender lockt. Auf den folgenden Seiten finden Sie viele wunderschöne Anregungen für Adventskalender und -kränze, Geschenke sowie Dekorationen, die schon die Zeit vor Weihnachten zu einem richtigen Fest machen!

Glockengeläut

MATERIAL
★ Tonkarton in Silber, A3

VORLAGE SEITE 139

ANLEITUNG

1 Das Motiv gemäß Vorlage und Anleitung auf Seite 6 auf den Tonkarton übertragen und mit dem Schneidemesser ausschneiden.

2 Nach Wunsch mithilfe eines Fadens oder Klebebandes aufhängen.

Glänzende Faltsterne

MATERIAL

★ Alu-Bastelfolie mit Sternchenmuster in Rot, Grün, Silber oder Gold, je mind. 8 cm x 8 cm

VORLAGE SEITE 139

ANLEITUNG

1 Gemäß Vorlage für jeden Stern eine Kartonschablone herstellen.

2 Das Folienquadrat einmal zur Hälfte, dann wieder zur Hälfte und anschließend diagonal falten.

3 Auf das so entstandene „Tortenstück" nun die Schablone legen und den Umriss mit einem Stift nachziehen.

4 Die aufgezeichnete Form ausschneiden und den Stern auffalten.

5 Nach Wunsch etwas farblich passendes Nähgarn als Aufhängung anknoten.

Festliches Ensemble

MATERIAL ADVENTSKRANZ

* Tannenzweige
* Fichtenzweige
* Strohkranz, ø 30 cm
* Sperrholz, 6 mm stark, A4
* Acrylfarbe in Hellbraun
* ca. 20 Zieräpfelchen, ø 3 cm
* ca. 10 Zimtstangen, 6 cm lang
* 10 Kiefernzapfen, ø ca. 4 cm
* Satinband, 3 mm breit, 4 x 15 cm lang
* 4 Glöckchen in Gold, ø 9 mm
* Blumendraht in Grün, ø 0,35 mm
* Steckdraht, 4 x 6 cm lang
* 4 Stumpenkerzen in Rot, ø 4,5 cm, 5 cm hoch

SÖCKCHEN

* Pappelsperrholz, 4 mm stark, 12 cm x 14 cm
* Acrylfarbe in Elfenbein, Feuerrot, Laubgrün und Schwarz
* Papierkordel in Grün, 65 cm lang
* Sternanis
* 2 Zimtstangen, je ca. 3 cm lang
* Metallglöckchen in Rot, ø 1,5 cm
* 3 Muehlenbeckiaranken, je ca. 10-15 cm lang
* Fichtenzweig
* Bindedraht in Braun, ø 0,35 mm, 2 x 10 cm lang

VORLAGE SEITE 139

ANLEITUNG

Adventskranz

1 Die Tannenzweige mit Blumendraht um den Strohkranz binden. Anschließend die Fichtenzweige schön verteilt mit Draht befestigen.

2 Die vier Steckdrahtstücke in den Kranz stecken. Die Kerzen aufstecken und festdrücken. Zimtstangen, Zapfen und Zieräpfelchen mit Heißkleber auf dem Kranz befestigen.

3 Die Hirsche gemäß Vorlage aus Sperrholz aussägen und die Kanten abschleifen (240er Körnung). Nase und Augen mit Acrylfarbe in Hellbraun bzw. Permanentmarker in Schwarz aufmalen. Das Glöckchen mit dem Satinband umbinden. Die Hirsche zwischen die Kerzen setzen und vorsichtig in den Kranz eindrücken. Darauf achten, dass die Figuren einen stabilen Stand haben und nicht zu nah an den Kerzen platziert werden!

Tipp: Sicherer ist es, die Kerzen auf nicht brennbaren Haltern in Kränzen oder Gestecken zu befestigen!

Söckchen

1 Die Socke aussägen und wie abgebildet anmalen. Nach dem Trocknen mit Schwarz schattieren: Dafür nur sehr wenig Farbe aufnehmen und den Pinsel so lange auf einem Stück Papier abstreifen, bis fast keine Farbspuren mehr sichtbar sind. Erst dann das Motiv vorsichtig schattieren.

2 Die Papierkordel mithilfe eines dicken Pinselstiels locken, in die Mitte eine Schlaufe für die Aufhängung eindrehen. Mit Heißkleber ein Drahtstück auf die Rückseite der Socke kleben, das andere Drahtstück über die Oberkante der Socke nach vorn biegen. Zimtstangen und Sternanis ebenfalls mit Heißkleber fixieren, die Muehlenbeckiaranken und den Fichtenzweig an die Schlaufe andrahten. Zum Schluss das Glöckchen mit Bindedraht am Papierdraht befestigen.

Urige Räuchermännchen

MATERIAL PRO FIGUR

* je 1 Tontopf, ø 5 cm und 6 cm
* Tonuntersetzer, ø 6 cm
* durchbohrte Rohholzkugeln, 1 x ø 5 cm, 4 x ø 2 cm und 2 x ø 1,6 cm
* Langhaarplüschrest in Schwarz
* Acrylfarbe in Schwarz, Rot, Weiß und ggf. Grün
* Aludraht, ø 1,8 mm, ca. 10 cm lang
* Naturbast
* Knetmasse
* Bohrmaschine und Bohrer, ø 2 mm, ø 4,5 mm und ø 8 mm
* Schraubstock
* Räucherkegel

ZUSÄTZLICH GRÜNE FIGUR

* Halbperle in Schwarz, ø 4 mm
* Bastelfilz in Grün, A4
* je 1 durchbohrte Rohholzkugel, ø 8 mm und ø 1,2 cm
* 3 Knöpfe in Grau, ø 1,2 cm

ZUSÄTZLICH NATURFARBENE FIGUR

* Tontopf, ø 4 cm
* 2 durchbohrte Rohholzkugeln, ø 1,6 cm
* 3 Halbperlen in Schwarz, ø 4 mm
* 3 Knöpfe in Elfenbein, ø 1 cm

VORLAGE SEITE 140

ANLEITUNG

1 Damit der Rauch abzieht, gemäß Skizze in der großen Rohholzkugel eine zusätzliche Bohrung für die Mundöffnung anbringen: Die Mundöffnung markieren und mit einem kleinen Bohrer schräg in Richtung Halsansatz bohren. Dabei darauf achten, dass die vorhandene Öffnung getroffen wird. Um die Mundöffnung zu vergrößern, mit dem dickeren Bohrer (ø 4,5 mm) nachbohren.

2 Die obere Öffnung der ursprünglichen Kugelbohrung mit Knetmasse abdichten.

3 Die Teile wie abgebildet bemalen. Als Auflagefläche für die Räucherkegel den Topfuntersetzer umgekehrt auf das Unterteil kleben. Damit die Sauerstoffzufuhr gewährleistet ist, entsprechend der Skizze eine Bohrung (ø 8 mm) anbringen. Dafür wieder mit dem kleinsten Bohrer beginnen und das Loch mit dem dicken Bohrer nacharbeiten.

4 Den Kopf auf das Rumpfteil kleben. Dabei müssen Topföffnung und Bohrung der Holzkugel exakt aufeinandertreffen.

5 Nach dem Trocknen rechts und links um den Hals je einen Bastfaden für die Arme schlingen und verknoten. Die Perlen für die Arme auffädeln. Für die Haare einen 1 cm breiten Plüschstreifen im Kopfumfang zuschneiden und am Innenrand des jeweiligen Hutes festkleben.

6 Das Gesicht mit Lackmalstift, Permanentmarker und Filzstift gestalten und den Hut fixieren. Für den grünen Hut die Krempe und den Kegel aus Filz zuschneiden und beide Teile zusammenkleben.

7 Für die Pfeife das Aludrahtstück am oberen Ende ca. 1 cm nach rechts und am unteren Ende ca. 1 cm nach links biegen. Die Holzperlen fixieren und die Pfeife dem Räuchermännchen in den Mund stecken. Nun den Räucherkegel auf der Auflagefläche des Unterteils entzünden und das Rumpfteil darüberstülpen.

Hinweis

Unterteil und Rumpfteil des Räuchermännchens dürfen nicht zusammengeklebt werden. Lassen Sie Ihr Räuchermännchen während des Gebrauchs nicht unbeaufsichtigt und verwenden Sie nur die kleinsten Räucherkegel.

Wichtel im Walde

MATERIAL PRO TANNE

* Wäscheklammer, 4,5 cm lang
* Fotokarton in Grün, Rot und evtl. Weiß
* Acrylfarbe in Rot und Weiß
* Strukturschnee
* evtl. geglühter Blumendraht, ø 0,35 mm, 20 cm lang
* Abstandsklebepads, 5 mm x 5 mm

WICHTEL

* Wäscheklammer, 7,5 cm lang
* Fotokarton in Rot, Hautfarbe, Grün, Gelb und Weiß
* Filz in Rot
* Acrylfarbe in Rot
* 4 Holzperlen in Rot, ø 4 mm
* Holzperle in Rot, ø 6 mm
* 2 Holzperlen in Rot, ø 8 mm
* 2 Marionettenfüße, 1,5 cm x 2 cm
* Papierdraht in Rot, 8 cm und 9 cm lang
* Faden in Rot, 20 cm lang
* Abacafaser in Schwarz

VORLAGE SEITE 138

ANLEITUNG

Tanne

1 Die Wäscheklammer rot anmalen. Die Tanne, die Sterne und evtl. das Schild aus Fotokarton zuschneiden.

2 Auf die Tanne mit weißer Farbe die Augen und mit Filzstift und Buntstift das Gesicht aufmalen (leicht mit Bleistift vorzeichnen).

3 Die Tanne auf die Wäscheklammer kleben. Mit dem Borstenpinsel Strukturschnee an den Zweigen von vorne nach hinten abstreifen. Die Sterne mit Klebepads fixieren.

4 In das beschriftete Schildchen und in die Spitze der kleinen Tanne mit der Vorstechnadel jeweils ein Loch stechen. Den Draht an der Tanne befestigen, dann das lange Drahtende um ein Schaschlikstäbchen wickeln, abstreifen, leicht dehnen und am Schildchen andrahten.

Wichtel

1 Die Klammer rot bemalen. Das Gesicht, die Hände, die Sterne, das Blatt und das Schild aus Fotokarton zuschneiden. Die Blattadern mit Filzstift einzeichnen.

2 Ein Filzstück, 8 cm x 4 cm, auf ein gleich großes Stück roten Fotokarton kleben. Den Umriss der Mützenschablone auf den Fotokarton übertragen. Die Mütze ausschneiden, an den unteren Mützenrand die Abacafaser kleben und mit der Schere kürzen.

3 Auf den Kopf die Nase kleben, das Gesicht aufmalen und die Mütze anbringen. In die Mützenspitze ein Loch stechen und den roten Faden anknoten. Abwechselnd ein Sternchen und eine Perle auffädeln und anknoten. Den Kopf an die Klammer kleben.

4 Den Armdraht durch die Klammerspirale stecken, auf die Enden jeweils eine Holzperle aufsetzen und eine Hand ankleben. Auf den Beindraht die Marionettenfüße aufstecken und die Drahtmitte so in die Klammeröffnung kleben, dass sich die Klammer öffnen lässt. Das Blatt an der Hand und der Klammer fixieren.

Würmchen

MATERIAL

- Strickschlauch in Gelb-Grün gestreift, 5 cm breit, 2 m lang
- Styroporkugel, ø 8 cm
- Wattekugel, ø 2,5 cm
- 2 Wackelaugen, ø 1,5 cm
- Acrylfarbe in Hellgrün, Grün und Rot
- Buntstift in Rot
- Moosgummizahlen in Rot, Gelb und Grün, 1,5 cm hoch
- Viskosebast in Gelb
- 25 Stücke Chenilledraht in Grün, 25 cm lang
- je 50 Holzperlen in Rot, ø 6 mm und 1,2 cm
- 24 teilbare Kunststoffkugeln, ø 5 cm
- Bindedraht
- Messer

ANLEITUNG

1 Die Wattekugel mit einem Messer teilen und eine Hälfte mit Heißkleber als Nase auf die Styroporkugel kleben. Den Kopf hellgrün grundieren und nach dem Trocknen das Gesicht aufmalen. Die Wackelaugen aufkleben.

2 20 Viskosebaststücke (15 cm lang) in der Mitte mit Bindedraht zusammenbinden und als Haare auf den Kopf kleben. Für die Mütze vom Strickschlauch 10 cm abschneiden, das eine Ende mit Bast abbinden, das andere Ende etwas aufrollen und auf dem Kopf über den gelben Haaren fixieren.

3 Den Strickschlauch mit Bindedraht an einem Ende zusammenfassen und an der Stelle seitlich an den Kopf kleben.

4 Die mit kleinen Geschenken und Leckereien gefüllten Kunststoffkugeln in den Schlauch schieben und immer zwischen zwei Kugeln den Strickschlauch mit Chenilledraht abbinden. Die Drahtenden sind die Beine. Auf die Enden je eine kleine und eine große Holzperle schieben und das Drahtende nach oben biegen, sodass die Perlen fest sitzen. Zuletzt die Moosgummizahlen aufkleben.

Bunte Krippe

ANLEITUNG

1 Für alle Figuren das Tonpapier gemäß Vorlage um die Toilettenpapierrolle kleben, den oberen Rand mehrmals einschneiden, fest in die Rolle drücken und festkleben. Die Schäfchenkörper gemäß Vorlage aus Tonpapier herstellen.

2 Die Gesichter gestalten: Die Augen und die jeweilige Kopfbedeckung aufkleben und die Gesichter mit Bunt- und Filzstiften gestalten.

3 Die drei Schäfer erhalten einen Bart, einen Hut mit Schleife und einen Hirtenstab. Die Arme und Hände anbringen und in diese die Hirtenstäbe aus ca. 8 cm langen Schaschlikstäbchen kleben.

4 Vor dem Aufkleben des Papiers die Kleidung der drei Könige bemalen und verzieren. Dann Arme und Hände anbringen. Einem der Könige die Flasche in die Hände kleben.

5 Den Schafen die ausgestanzte Nase aufkleben. Für die Arme und Beine das Seidenpapier zu kleinen Kugeln knüllen und diese wie abgebildet aufkleben. Dem Esel und Ochsen die Hufe aufkleben.

6 Für die Krippe eine Toilettenpapierrolle der Länge nach durchschneiden und mit brauner Fingerfarbe bemalen. Nach dem Trocknen den Bast und die Holzkugel als Kopf einkleben.

7 Zum Schluss die Decke aus Filz fixieren.

8 Für die Palmenstämme die Küchenpapierrollen mit brauner Fingerfarbe bemalen, trocknen lassen und das Blätterteil ankleben.

9 Alle Figuren arrangieren und die Krippe mit Steinen und Moos dekorieren.

MATERIAL

* 11 Toilettenpapierrollen
* 3 Küchentuchrollen
* Tonpapier in Hautfarbe, A3
* Tonpapier in Weiß, Rot, Orange, Gold, Hellgrün, Grün, Hellblau, Blau, Violett, Hellbraun, Braun, Grau und Schwarz, je A5

- Tonpapier mit Schäfchen- und Teddyfellmuster, je A4
- Bastelfilz in Weiß, A4
- 2 Schaschlikstäbchen
- Seidenpapierrest in Weiß
- 8 Wackelaugen, ø 6 mm
- 20 Wackelaugen, ø 1 cm
- Naturbast
- Fingerfarbe in Braun
- Pinsel
- Buntstifte in Braun und Orange
- Lackmalstift in Gold
- Rohholzkugel, ø 2 cm
- Moos, Steine etc. zum dekorieren

VORLAGE
SEITE 140/141

Rentier-Adventskalender

MATERIAL

* Tonkarton in Hellbraun, A3
* Tonkartonreste in Braun, Rot und Gelb
* Bastelfilzreste in Rot, Gelb und Weiß
* Naturbast
* 2 Pompons in Rot, ø 7 mm
* Wolle in Rot
* Streichholzschachteln
* Rundholzstab, ø 6 mm, 33 cm lang
* Tannenzweige
* Lärchenzapfen

VORLAGE SEITE 142

ANLEITUNG

1 Zuerst einige kleine Zapfen und grüne Zweige mit herumgewickeltem Bindfaden oder mit Heißkleber am Stab befestigen.

2 Das Gesicht des Rentiers ausschneiden und verzieren. Anschließend das Geweih aufkleben, darüber den weißen Filzstreifen der Mütze und dahinter die rote Filzmütze mit angenähtem Filzbommel. Filzteile, die stabil sein sollen, am besten vor dem Ausschneiden auf Tonkarton kleben.

3 Den Halsstreifen um den Stab herumführen und ankleben. An den Enden des roten Filzschals (5 cm x 30 cm) Fransen einschneiden und um den Hals schlingen. Die gelben, zuvor auf Tonkarton geklebten Filzhandschuhe auf die Stabenden kleben.

4 Die Streichholzschachteln mit braunen Tonkartonstreifen umkleben, die restlichen Figuren aus Tonkarton ausschneiden. Bei den Lebkuchenkindern zuerst die Basthaare mit dem roten Aufhängefaden zusammenbinden und dann aufkleben. Alle Motive mit weißem Lackmalstift verzieren.

5 Sämtliche Einzelteile mit einem roten Wollfaden am Stab bzw. an einer tragenden Figur aufhängen. Damit sich die hängenden Streichholzschachteln öffnen lassen, die Schublade herausnehmen, die Hülse mithilfe einer Nadel durchstechen, den roten Wollfaden einziehen und innen mit einem festen Knoten vor dem Durchrutschen sichern. So kann die befüllte Schublade nun eingeschoben werden.

Erdnuss-Schmuck

MATERIAL

* Erdnüsse
* Acrylfarbe in Rot und Weiß
* Feenhaar in Weiß
* Islandmoos in Natur
* Metallfolienrest in Gold, 0,2 mm stark
* Filzrest in Rot
* Feder in Weiß
* Perlen in Weiß, ø 3 mm
* Draht in Gold, ø 0,5 mm

STERNE UND KETTE

* Erdnüsse
* Holzperlen in Rot, ø 4 mm und 7 mm
* Wachsperlen in Weiß, ø 4 mm
* Gewürznelken
* Draht in Gold, ø 0,5 mm
* Aludraht, ø 1 mm
* Nähnadel (mind. 5 cm lang)

VORLAGE SEITE 138

ANLEITUNG

1 Für den Weihnachtsmann und die Engel die Erdnussschale mit einem dünnen Pinsel mit Acrylfarbe bemalen. Noch einfacher lässt sich das Gesicht mit einem Filzstift aufmalen. Die Haare aus Feenhaar oder Islandmoos aufkleben und den Engeln nach Belieben einen schmalen Streifen Metallfolie als Haarband aufkleben. Dem Weihnachtsmann die Filzmütze aufkleben. Die Engel erhalten noch Flügel aus Federn oder Metallfolie.

2 Für die Ketten Draht in gewünschter Länge zuschneiden und in die Nadel einfädeln. Nüsse und Perlen abwechselnd mithilfe der Nadel auf den Draht aufziehen. Die Nelken mit Draht unterhalb des Köpfchens umwickeln, da diese zu hart sind, um sie mit der Nadel zu durchbohren.

3 Für das Kränzchen (oben links) vom Draht ca. 25 cm nehmen, dazu vier Nüsse, vier große rote Perlen und acht kleine weiße. Nüsse und Perlen auf den Draht fädeln.

4 Für den Stern werden acht längliche Erdnüsse und eine runde Erdnuss benötigt. Hier wird ein stärkerer Draht (ø 1 mm) verwendet. Vier Drahtstücke, je 14 cm lang, zuschneiden. Die Drahtstücke durch die runde Erdnuss ziehen. Perlen und Nüsse aufziehen, die Drahtenden umbiegen und in die Perlenöffnung zurückführen.

Duftende Ausstechformen

MATERIAL

* Ausstechformen
* Bienenwabenwachsplatte
* Sternanis
* Zimtstangen
* Gewürznelken
* Erlenzäpfchen
* Erdnüsse
* Haselnüsse
* Goldperlen und -sternchen
* Malglitter in Gold
* Konturenfarbe in Gold
* Bouillondraht in Gold

ANLEITUNG

1 Beim Ausstechen die Wachsplatte in der Ausstechform lassen und nur ringsum die Wachsreste entfernen.

2 Nun die Ausstechform, die jetzt einen duftenden Boden hat, mit den Gewürzen, Nüssen, Zäpfchen, Goldperlen und Sternchen füllen. Damit sie nicht verrutschen, können sie mit Alleskleber aneinandergeklebt werden.

3 Mit Malglitter ein paar Akzente beispielsweise auf den Nüssen und Zäpfchen setzten. Mit Konturenfarbe können noch Goldpunkte oder Linien angebracht werden.

4 Abschließend die Ausstechform mit Bouillondraht umwickeln. Der Draht sieht nicht nur schön aus, sondern verhindert auch, dass später evtl. der Wachsboden herausfällt.

Gesteck in Gold-Natur

MATERIAL

- Weihnachtsteller in Rot, ø 28 cm
- Thuja- und Wacholdergrün
- Stumpenkerze in Gold, ø 6 cm, 17 cm hoch
- Zimtstangen, mit Golddraht umwickelt
- 6 Lärchenzapfen
- Sterne und Mond in verschiedenen Größen aus Ton
- Tonherz in Gold
- Weihnachtsband in Gold, 2,5 cm breit, 80 cm lang
- Steckschaumwürfel, 6 cm x 10 cm x 10 cm
- Steckdraht
- Rebschere
- Heißkleber

1 Den Steckschaumwürfel mit der Klebepistole auf den hinteren Teil des Tellers kleben.

2 Die Grünzweige mit der Rebschere zuschneiden und, der Tellerform angepasst, flach in den Steckschaumwürfel stecken.

3 Die Kerze in der Mitte der noch freien Tellerfläche ebenfalls mit Heißkleber fixieren.

4 Aus dem goldfarbenen Band eine üppige Schleife binden, am Steckdraht befestigen und zwischen das Grün einstecken.

5 Zäpfchen, Tonanhänger und Zimt mit Heißkleber fixieren. Vor die Kerze das goldfarbene Herz legen.

Stimmungsvolle Laterne

MATERIAL

* Mobile- oder Windradfolie, A4
* Tonkarton in Schwarz, A3
* Windowcolor-Konturenfarbe in Gold
* Windowcolor in Weiß, Tannengrün, Terrakotta, Mittelbraun und Hellblau

VORLAGE
SEITE 142

ANLEITUNG

1 Gemäß Vorlage das Grundgerüst der Laterne mit dem Cutter sauber aus Tonkarton ausschneiden. Auf der Außenseite die gestrichelten Knicklinien vorsichtig mit dem Cutter einritzen, da sonst kein sauberer Knick möglich ist.

2 Die Motive 1-2 mm kleiner als die Laternenumrandung ausschneiden und gemäß Grundanleitung auf Seite 7 mit Windowcolor ausmalen. Dabei auch die äußeren Umrandungen mit Konturenfarbe markieren, um das spätere Ausschneiden zu erleichtern.

3 Wenn die Grundfarbe getrocknet ist, die Schneeflocken mit weißer Farbe aufsetzen. Die Farben sollten ca. 24 Stunden trocknen, bevor die Laterne fertiggestellt wird.

4 Die Windowcolorbilder mit UHU Alleskleber kraft auf die Innenseite kleben. Zum Schluss die Laterne schließen.

Bären auf der Leiter

MATERIAL

* Tonpapier in verschiedenen Orange- und Rottönen, Braun und Gold, pro Bär ca. 8 cm x 14 cm
* 48 Wackelaugen, ø 5 mm
* 24 Halbperlen in Schwarz, ø 5 mm
* 24 möglichst große Walnusshälften
* 2 Vierkantleisten, 1,5 cm x 1 cm, 1 m lang
* Kordel in Orange, ø 3 mm, 2 m lang
* Plusterfarben in Braun, Orange und Rot
* wieder ablösbare Klebepads (zum Festhalten des aufklappbaren Nuss-Bauchs)
* Feinsäge (oder Metallsäge)
* Pinzette

VORLAGE SEITE 141

ANLEITUNG

1 Die Motivteile der Bären von der Vorlage auf Tonpapier übertragen. Dabei das Tonpapier vorher am besten falten, um immer gleich zwei Teile auf einmal ausschneiden zu können.

2 Die Ohren, Füße und Krallen mit der passenden Plusterfarbe aufmalen und sechs Stunden trocknen lassen (bitte nicht aufplustern). Ebenso die Zahlen auf die halbierten Walnüsse schreiben. Den Mund mit schwarzem Filzstift aufmalen, die Augen und Halbperlen-Nase mithilfe einer Pinzette aufkleben. Alle Tonkartonteile der Bären zusammenkleben, dabei den Kopf in unterschiedlichen Positionen ansetzen.

3 Die Walnusshälften so anbringen, dass das dicke Ende nach unten zeigt. Dazu einen Tonpapierstreifen von ca. 5 mm Breite und 2 cm Länge mittig falzen. Ein Ende am Bauch des Bären und eines bündig am Rand der Nuss als Scharnier festkleben, sodass die Nuss sich nach unten abklappen lässt (siehe Abbildung). Die Hände des Bären halten die Nuss oben mit einem Stück Klebepad fest.

4 Die beiden Vierkantleisten in jeweils 33 cm lange Abschnitte sägen. Die Kordelenden mit je einem Knoten sichern, dann von beiden Enden her alle 15 cm eine Leitersprosse mit je einem einfachen Knoten fixieren. Zum Schluss die Bären mit Klebstoff auf den Sprossen und auf der Kordel fixieren.

Tipp: Am besten lassen sich Walnüsse mit einem stabilen Besteckmesser teilen, beginnend vom dickeren Ende.

Festliche Adventsdeko

MATERIAL PRO WICHTEL

* Zedernzapfen
* Rohholzkugel, ø 3 cm
* Strickschlauch in Rot, 3,5 cm breit, ca. 10 cm lang
* künstliche Buchsgirlande mit Sternchen, ca. 20 cm lang
* Effektdraht in Gold
* Bindedraht
* Paketschnur
* Glitterspray in Gold
* Schleifenband in Rot-Grün gemustert, ca. 4 cm breit, ca. 90 cm lang
* Moos
* Übertopf in Rot, ø 7 cm
* Nähgarn in Rot

STERNENDECKCHEN

* Bastelfilz in Rot, ca. 60 cm x 30 cm
* Goldkordel, ø 1,5 mm, ca. 80 cm lang
* Bastelleim

VORLAGE SEITE 143

ANLEITUNG

Wichtel

1 Die Zapfen mit Glitterspray besprühen und nach dem Trocknen mit Effektdraht umwickeln. Den Draht an einigen Stellen mit Kraftkleber fixieren. Mit Heißkleber die Holzkugeln aufkleben und mit Filzstiften und Lackmalstift das Gesicht gestalten. Die roten Wangen mit etwas Buntstiftabrieb gestalten.

2 Die Paketschnur in mehrere gleich lange Stücke schneiden und wie abgebildet als Haare auf die Holzkugeln kleben. Für die Mützen die Strickschlauchstücke auf links wenden und ein Ende mit Bindedraht umwickeln. Den Strickschlauch wieder auf rechts wenden und oben jeweils eine Schelle annähen. Den unteren Mützenrand aufrollen.

3 Vor dem Ankleben der Mützen die Buchsgirlanden wie Schals um die Hälse winden. Den Übertopf mit Moos füllen und mit einer großen dekorativen Schleife, die um den Rand gebunden wird, verzieren. Den Wichtel hineinstellen und ggf. mit etwas Klebstoff fixieren.

Sternendeckchen

1 Mithilfe von Schablonen zwei Sterne aus Filz ausschneiden.

2 Den Rand des kleinen Sterns in regelmäßigen Abständen mit der Lochzange lochen. Die Lochstellen dafür am besten zuvor mit einem Stift aufzeichnen. So können die Abstände ggf. noch korrigiert werden. Die markierte Seite ist später die Rückseite des kleinen Sterns.

3 Die Goldkordel durch die Löcher fädeln und deren Ende auf der Rückseite verkleben.

4 Den kleinen Stern mit Bastelleim auf den großen Stern kleben.

Engelschor

MATERIAL ENGEL-SERVIETTENHALTER

* FIMO® Soft in Weiß, Schwarz und Sahara
* 2 Mini-Holzwäscheklammern, 4 mm breit, 3 cm lang
* Acrylfarbe in Dunkelgrün
* Bastfasern in Dunkelgrün
* Paketschnur, ø 2,5 mm
* Marabufedern in Weiß
* Satinband in Rot, 3 mm breit, 8 cm lang (pro Engel)
* Nähgarn in Rot
* Bindedraht, ø 0,35 mm
* Wellholz

GROSSER ENGEL

* FIMO® Soft in Weiß, Metallic-Grün, Sahara, Schwarz und Metallic-Gold
* Fotokartonrest in Rot
* Nähgarn in Rot
* Paketschnur, ø 2,5 mm
* Marabufedern in Weiß
* Motivlocher: Herz, „klein"
* Bindedraht, ø 0,65 mm
* dünner Stift in Gold
* Wellholz

VORLAGE SEITE 138

ANLEITUNG

1 Für die Köpfe der großen Engel Kugeln (ø ca. 1,8 cm) formen. Mit einem Messer eine kleine Auflagefläche abschneiden. Für den Körper ca. ein Viertel der Packung zu einem eiförmigen Körper formen. Die untere Spitze abschneiden, so entsteht eine Standfläche. Die obere Spitze etwas nach oben ziehen und eine kleine Auflagefläche von der Spitze abschneiden.

2 Für die Hände kleine Kugeln anfertigen, etwas flach drücken und am Körper festdrücken. Zum Anbringen von Drähten (Namensschildhalter) mit einem Draht Löcher einstechen. Die Nasen und Augen bestehen aus winzigen FIMO®-Kügelchen, die einfach angedrückt werden. Die Sternformen mit Plätzchenformen ausstechen.

3 Alle Teile formen und zusammensetzen und bei 130 °C ca. 30 Minuten lang im Backofen aushärten. Danach die Drähte ankleben.

4 Nach dem Aushärten das Gesicht vervollständigen, die Haarpracht ankleben, den Schal aus Satinband umlegen, die Marabufederteilchen in die dafür vorgesehenen Löcher stecken und fixieren. Von hinten die mit Acrylfarbe angemalte Klammer ankleben. Etwas Bast mit Bindedraht umwickeln und unter den Engel kleben. Den Draht um ein Schaschlikstäbchen zu Locken drehen.

5 Für die Serviettenhalter nur die Hälfte der FIMO®-Menge der großen Engel verwenden. Für das Anbringen der Federteilchen als Flügel mit einem Zahnstocher zwei Löcher in den Rücken stechen. So behindern die eingeklebten Federteilchen nicht das Ankleben der kleinen Klammer. Von hinten die Klammer vorsichtig in die frische Masse drücken. So erhält man die Fixierstelle für die kleinen Holzklammern.

Süße Engelchen

MATERIAL PRO FIGUR

★ Sperrholz, 4 mm stark, 24 cm x 12 cm

★ Sperrholz, 1 cm stark, 25 cm x 20 cm (inkl. Material für kleines Standteil)

★ Acrylfarbe in Altrosa oder Flieder, Weiß, Hautfarbe, Karminrot, Silber metallic und Gold metallic

★ Paketschnur, ø 1,3 mm und 2,5 mm

VORLAGE SEITE 143

ANLEITUNG

1 Den Stern und das Flügelteil aus dem dünnen, den Engel samt kleinem Standteil aus dem dicken Sperrholz aussägen. Die Teile wie abgebildet bemalen und trocknen lassen.

2 Die aus der dickeren Paketschnur aufgezwirbelten Haare ankleben. Das Flügelteil von der Rückseite fixieren. Den Stern an eine Kette aus dünner Paketschnur kleben, die dem Engelchen um den Hals gebunden wird.

3 Damit der Engel sicher steht, ein Standteil mit Heißkleber auf der Rückseite anbringen.

Adventschmuck aus Wabenpapier

ANLEITUNG

1 Je nach Verwendungszweck können alle Motive ein- oder zweiseitig gearbeitet werden (siehe Seite 9/10).

2 Dafür die Figuren mit einer Aufhängung aus Nähfaden oder mit einem Stecker versehen. Den Faden bzw. den Stecker dabei zwischen zwei gegengleich gearbeitete Teile kleben. Sehr dekorativ sehen die Motive auch auf ein Geschenk geklebt aus.

Kerze

Die Grundform aus Tonkarton in Regenbogenfarbe oder Gelb ausschneiden und beidseitig im unteren Bereich mit je einem Wabenteil bekleben. Für das Dosenmotiv den unteren Rand der Kerze abschneiden.

Engel

Die Grundform aus weißem Tonkarton zuschneiden. Kopf und Hände dahinterkleben und die Haare aufkleben. Das gemäß Vorlage in Form geschnittene Wabenteil aufkleben. Das Gesicht gestalten.

Schaukelpferdchen

Die aus Tonkarton ausgeschnittenen Einzelteile zusammensetzen und den aus Wabenpapier zugeschnittenen Sattel aufkleben.

Nikolausstiefel

Den roten Stiefel zuschneiden und den aus weißem Wabenpapier gestalteten „Pelzbesatz" aufkleben.

Schneemann

Alle Einzelteile aus Tonkarton ausschneiden. Auf der weißen Grundform den Zylinder, den Schal, den Besen und darauf die zusätzliche Hand befestigen. Das Gesicht gestalten und die Innenlinien aufzeichnen. Anschließend den Bauch aus Wabenpapier gestalten und aufkleben.

MATERIAL

★ Wabenpapierreste in Weiß, Rot und Blau (kleine Wabe)

★ Tonkartonreste in Weiß, Braun, Rot, Schwarz, Gelb, Gold und Regenbogenfarben

VORLAGE SEITE 143

Winterliche Klemmentinis

MATERIAL
BÄR
* Holzwäscheklammer, 7 cm lang
* Rohholzhalbkugel, ø 2,5 cm
* matte Acrylfarbe in Cappuccino, Dunkelbraun, Weiß, Lachs und Orange
* Fotokartonrest in Weiß
* Chenilledraht in Hellbraun, 20 cm lang

SCHNEEMANN
* Holzwäscheklammer, 7 cm lang
* Rohholzhalbkugel, ø 2,5 cm
* matte Acrylfarbe in Weiß, Orange, Dunkelbraun und Hellblau
* 2 Wattekugeln, ø 1 cm
* Fotokartonrest in Hellblau
* Korken, ø 1,4 cm (oben), 2,2 cm lang
* Bastelfilzrest in Hellgrün
* Knöpfe in 2 x Rosa und 1 x Hellblau, ø 6 mm
* Zweig, 4 cm lang

WEIHNACHTSMANN
* Holzwäscheklammer, 7 cm lang
* Rohholzhalbkugel, ø 2,5 cm
* matte Acrylfarbe in Weiß, Rosa und Hellblau
* 3 Wattekugeln, ø 1 cm
* Fotokartonreste in Weiß, Hellblau und Rosa
* Bastelfilzrest in Weiß
* Edelbastrest in Pink glänzend

VORLAGE SEITE 142

ANLEITUNG

1 Die Klammer und die Holzhalbkugel gemäß Abbildung grundieren und nach dem Trocknen das Gesicht mit einem Zahnstocher aufmalen.

2 Ohren, Hutkrempe, Mütze, Bart und Schuhe auf Fotokarton übertragen, farbig gestalten und nach dem Trocknen zuschneiden.

3a Beim Weihnachtsmann den Bart und die Mütze unter den Kopf kleben und die Wattekugel als Bommel befestigen. Den Kopf auf der Klammer fixieren. Mit doppelseitigem Klebeband die Filzstreifen (7 mm breit) um den vorderen Teil der Klammer und an den Mützenrand kleben und die Schuhe mit Heißkleber fixieren. Das Baststück an beiden Enden verknoten, einen Heißkleberklecks in die Löcher der Wattekugeln geben und die Bastenden mit einem Zahnstocher hineinstecken. Den Bast an die Klammer kleben.

3b Beim Schneemann den bemalten Kopf und die Knöpfe auf die Klammer kleben. Seitlich Wattekugeln als Hände fixieren. In eine davon vorher mit einer Prickelnadel ein Loch einstechen und den Zweig durchstecken. Den Fotokartonkreis unter den auf 7 mm gekürzten Korken kleben und alles bemalen. Nach dem Trocknen als Hut aufkleben. Den Schal (1 cm breit, 9 cm lang) um den Hals binden.

3c Dem Bären die Ohren hinter den Kopf kleben und diesen auf die Klammer. Den Draht etwa mittig durchschneiden und die Drahtenden zu Tatzen einrollen. Die Gliedmaßen in der Klammer festkleben.

Wiegenkinder

MATERIAL PRO WIEGENKIND

* Walnussschalenhälfte
* Rohholzperle, ø 1,2 cm
* Chenilledraht in Weiß, 15 cm lang
* Bastelfilzrest in Rot oder Weiß
* Baumwollfaden in Rot oder Weiß, ø 1 mm, 40 cm lang
* UHU Glitter Glue in Gold
* kleiner Schraubenzieher

ANLEITUNG

1 Für die Wiege die Nussschale spalten, indem am stumpfen Ende der Nuss ein kleiner Schraubenzieher in die Naht eingedrückt und dann gedreht wird. Den Kern entfernen. Die Enden des Baumwollfadens miteinander verknoten und als Aufhängung innen in den Schalenboden kleben.

2 Als Kopfkissen ein Filzrechteck, 4 cm x 3 cm, in der Mitte zu einem Rechteck, 2 cm x 3 cm, falten und innen an der stumpfen Schalenseite ankleben (der Kissenfalz befindet sich oben). Die Decke aus Filz der Nussschalenform anpassen, d. h., die Nussschale mit der Öffnung nach unten auf den Filz legen und am Schalenrand entlangschneiden. Das stumpfe Ende der Decke etwas zurückschneiden, damit noch Platz für Kissen und Kind ist. Evtl. mit dem Finger etwas UHU Glitter Glue auf Kissen und Decke auftragen.

3 Für das Kind auf die Holzperle mit Blei- und Buntstift das Gesicht malen. Beide Enden des 15 cm langen Chenilledrahtstückes von unten in den Holzkopf stecken, sodass die Enden oben als Haarbüschel sichtbar sind. Dabei die Drahtenden etwas tiefer hineinschieben und dann etwas zurückziehen, dadurch richten sich die Haare auf. Damit sich die Decke etwas nach oben wölbt, wenn das Kind in der Wiege liegt, den Chenilledrahtrumpf entsprechend zurechtbiegen und am Wiegenboden ankleben.

4 Abschließend die Decke auf den Schalenrand kleben.

Liebenswerte Adventsboten

MATERIAL PRO ENGEL

* Rohholzperle, ø 2,5 cm
* Acrylfarbe in Hautfarbe
* Strukturschnee
* Tonkarton in Rot, A5
* Tonkartonrest in Weiß
* UHU Glitter Glue in Gold (Flügel)
* Lackmalstift in Gold
* Rundholzstäbchen, ø 3 mm

VORLAGE SEITE 144

ANLEITUNG

1 Das Gesicht des Engels mit Bleistift und rotem Buntstift auf die hautfarben bemalte Holzperle malen.

2 Mit dem Holzstäbchen den Strukturschnee als Haare auftragen. Trocknen lassen oder föhnen und evtl. noch eine zweite Schicht Strukturschnee auftragen.

3 Die Motivteile ausschneiden und nach Belieben bemalen.

4 Den roten Tonkartonhalbkreis zu einem Kegel formen und gemäß Vorlage zusammenkleben.

5 Arme und Flügel ankleben. Den Kopf auf die Kegelspitze kleben.

Leckere Lebkuchen

MATERIAL

* Mobilefolie, 0,4 mm stark, A5
* Windowcolor-Konturenfarbe in Schwarz
* Windowcolor in Hellbraun
* Plusterfarbe in Weiß
* Mandeln
* Satinband in Rot, 3 mm breit, 17–24 cm lang (pro Anhänger)
* Satinband in Rot, 6 mm breit, 17 cm lang (pro Schleife)

VORLAGE SEITE 144

ANLEITUNG

Anhänger

1 Die Motive gemäß Grundanleitung auf Seite 7 und gemäß Vorlage malen. In die noch nasse Farbe die geschälten und halbierten Mandeln setzen. Zum Entfernen der Mandelhaut die Mandeln kurz in kochendes Wasser werfen.

2 Sobald die Farbe getrocknet ist, die Lebkuchen entlang der schwarzen Konturenlinie ausschneiden.

3 Mit Plusterfarbe weiße Randverzierungen auftragen.

4 An den markierten Punkten mit einer Lochzange die Löcher für die Aufhängung stanzen, das schmale Aufhängeband durchziehen und eine Schleife aus dem breiteren Satinband anbringen.

Geflochtene Herzen

MATERIAL

* Strohseide in Weiß und Rot, pro Herz jeweils 16 cm x 4,5 cm
* Strohseide in Rot, pro Herz 13 cm x 2 cm
* Nylonfaden, ø 0,3 mm, pro Herz 30 cm bis 40 cm lang
* Adventskranz aus Tannengrün, ø außen 40 cm
* 4 Kerzenhalter zum Einstecken mit Teller
* 4 Kerzen in Rot, ø 4 cm, 9 cm hoch
* Satinband in Rot, 2,5 cm breit, pro Schleife 70 cm lang und pro Aufhängeband 60 cm lang
* Zahlen in Rot (Computerausdruck)

VORLAGE SEITE 145

ANLEITUNG

1 Die Schablone für die beiden Herzhälften gemäß Vorlage anfertigen.

2 Die Strohseidenstreifen mittig falzen, die Endpunkte der Einschnitte mit einer Nadel durchstechen. Mit einem Bleistift die Rundung anzeichnen und ausschneiden, dabei die Bleistiftstriche wegschneiden, da auf der Strohseide nicht gut radiert werden kann. Mit einem Lineal die geraden Einschnittlinien dünn vorzeichnen und sie dann ausschneiden.

3 Vor dem Falten die Streifen wenden. Dann die rote Herzhälfte mit der weißen verflechten. Dabei mit dem obersten Streifen beginnen, von der Innenseite her einweben und später hochschieben.

4 Für die Henkel den roten Streifen der Länge nach mittig falzen und mit Klebestift innen ankleben.

5 Der Kranz erhält vier Zierschleifen aus rotem Band und wird mit Bändern in der gewünschten Länge aufgehängt. Die Kerzen mit den Kerzenhaltern fixieren. Zum Schluss die Herzen mit Nylonfaden in unterschiedlicher Länge unter den Kranz hängen.

Bald ist Weihnachten!

MATERIAL
PRO NIKOLAUS
* 2 hohe Zapfen (Schachtel), 1 x 6 cm und 1 x 2,5 cm hoch
* je 1 Wattekugel, ø 1 cm und 2,5 cm
* Acrylfarbe in Weiß, Rot und Hautfarbe
* Strukturschnee
* 2 Holzperlen in Natur, ø 1 cm
* 2 Holzperlen in Rot, ø 1,2 cm
* halbierte Holzperle in Rot, ø 6 mm
* Paketschnur, 38 cm und 22 cm lang
* Füllwatte

PRO ENGEL
* hoher Zapfen (Schachtel), 3,5 cm hoch
* Schälchen (Palette), 3,8 cm hoch
* Acrylfarbe in Weiß, Hautfarbe und Gold
* Wattekugel, ø 2 cm
* 2 Holzperlen in Natur, ø 8 mm
* Paketschnur, 7 cm lang
* Goldkordel, ø 0,8 mm, 8 cm lang
* Lackmalstift in Gold
* Flowerhair in Gold

PRO BAUM
* 5 kurze Zapfen (Schachtel), 4 x 4,5 cm und 1 x 3,8 cm hoch
* Schälchen (Palette), 2,5 cm hoch
* Acrylfarbe in Blaugrün und Scharlachrot
* Strukturschnee
* Schaschlikstäbchen

VORLAGE SEITE 144

ANLEITUNG

Nikoläuse

1 Die Zapfen (siehe Seite 11) gerade abschneiden. In die Spitze des hohen Zapfens mit einer Prickelnadel ein größeres Loch bohren. Die Einzelteile farbig gestalten. Den Strukturschnee an Mantel, Mütze und kleiner Wattekugel auftupfen. Nach dem Trocknen die Wattekugel als Bommel an die Mütze kleben.

2 Die Mitte der Schnur für die Beine durch das Loch im Zapfen führen, anschließend durch die entstandene Öse die Arme ziehen. Mit Alleskleber fixieren und die Beine leicht nach unten ziehen. An die Enden je eine Holzperle aufziehen und anknoten.

3 Durch die Wattekugel und die Mütze einen Aufhängefaden ziehen und den Kopf auf dem Körper befestigen. Den Bart und von hinten einige Haare aus Füllwatte sowie die Mütze aufkleben.

Engel

1 Den Rock aus dem Schälchen und den Oberkörper aus dem Zapfen zusammenkleben (siehe Seite 11). Die Flügel aus dem Deckel der Schachtel schneiden. Die Einzelteile gemäß Abbildung farbig gestalten.

2 Die Arme auf das Oberteil kleben sowie die Holzperlen mit Klebstoff befestigen. Durch die Wattekugel einen Aufhängefaden ziehen, den Kopf aufkleben und die Haare aus Flowerhair befestigen.

3 Von vorn die Goldkordel anbringen und von hinten die Flügel fixieren.

Tannenbäume

1 Die Ränder der vier höheren Zapfen gewellt zuschneiden. Zusätzlich in jeden Bogen eine Zacke schneiden. Die kürzere Tannenspitze hat nur vier Spitzen. Mit Wasser befeuchten und die einzelnen Rundungen leicht nach außen biegen (siehe Seite 11).

2 In jede Zapfenspitze ein Loch bohren und die Einzelteile farbig grundieren. Die einzelnen Zapfen versetzt auf den Schaschlikstab fädeln und die Tannenspitze aufkleben. Den Schaschlikstab kürzen. Den Tannenbaum in den Topf kleben und die einzelnen Zweige mit Strukturschnee verzieren.

Bunter Schneespaß

MATERIAL PRO KARTE

* Tonpapier in Schwarz, 20 cm x 21 cm
* Regenbogentonkarton, 10 cm x 21 cm
* Alu-Sterne in Gold

VORLAGE SEITE 145

ANLEITUNG

1 Die Vorlage auf das Tonpapier übertragen. Dabei die Vorlage an der 21 cm langen Seite anlegen. Die gestrichelte Linie liegt genau in der Mitte des Tonpapiers.

2 Das Motiv vorsichtig ausschneiden, hierfür am besten eine kleine Nagel- oder Scherenschnittschere verwenden.

3 Die Karte in der Mitte entlang der gestrichelten Linie falzen und wieder öffnen. Das Motiv mit dem Regenbogentonkarton hinterkleben. Nach Wunsch einige kleine Alu-Sterne als Dekoration aufkleben.

Schaukelpferdchen

MATERIAL

* Tontopf, ø 3,5 cm
* Acrylfarbe in Ocker oder Weiß
* Fotokartonreste in Ocker und Blau oder in Weiß und Rot
* Lackmalstift in Blau
* Abacafaser in Schwarz, 3 cm und 5 cm lang
* Bastelfilzreste in Weiß und Blau oder in Blau und Rot
* Blumendraht, ø 0,35 mm, 2 x 10 cm lang
* Baumwollfaden in Weiß oder Schwarz, ø 1 mm, 20 cm lang

VORLAGE SEITE 145

ANLEITUNG

1 Den Tontopf bemalen. Das Kopf-Halsteil und das Hinterteil jeweils doppelt ausschneiden, an den gestrichelten Linien anritzen und umklappen.

2 Die Teile zusammenkleben, dabei zwischen die Kopfteile Abacafaser kleben und mit der Schere kürzen. Die Klebeflächen (auf der Vorlage gepunktet) am Tontopf fixieren.

3 Mit den beiden Drahtstücken den Schweif gemäß Vorlage binden und am Hinterteil andrahten.

4 Die an den gestrichelten Linien umgeklappten Schaukelkufen mit dem rechteckigen, von unten dazwischengeklebten Kartonstück stabilisieren und am Pferd anbringen.

5 Auf den Rücken das Sattelhorn und den Sattel kleben. Das Halfter umbinden.

Wichtelpaar

MATERIAL

- 2 Holzkochlöffel mit ovaler Kelle, 5 cm breit, ca. 31 cm lang
- Tonkartonreste in Hautfarbe, Gelb, Grün, Rot und Weiß
- Acrylfarbe in Rot
- 4 Rohholzperlen, ø 1 cm
- 4 Holzperlen in Rot, ø 1 cm
- Holzperle in Rot, ø 8 mm
- 2 Holzperlen in Rot, ø 6 mm
- Chenilledraht in Rot, 2 x 14 cm lang
- Bastelfilz in Rot, A4
- Bastelfilzrest in Hellbraun
- Watte
- Nähfaden in Rot, ø 1 mm
- 2 Metallglöckchen, ø 1 cm
- Bohrer, ø 3 mm

VORLAGE SEITE 146

ANLEITUNG

1 Eine Bohrschablone anfertigen und die Bohrlöcher mit der Lochzange daraus ausstanzen. Die Schablone auf den Kochlöffel legen und mit Bleistift die Bohrungen markieren. Die Löcher bohren und dann beide Kochlöffel vollständig rot bemalen.

2 Auf den hautfarbenen Kopf aus Tonkarton das Gesicht aufmalen und eine mit dem Cutter halbierte Holzperle (ø 1 cm) als Nase aufkleben. Den Kopf auf den Löffel kleben und den unteren Rand der Filzmütze um Stirn und Löffel legen und ankleben. Auf der Rückseite bleibt die Mütze teilweise offen. Mit Nadel und Faden das Glöckchen knapp unterhalb der Mützenspitze anbringen.

3 Den Chenilledraht als Arme von hinten durch die Bohrungen stecken und auf die Enden jeweils eine Rohholzperle kleben.

4 Für den Sack den Filz an den gestrichelten Linien umschlagen, die gepunktete Fläche mit Klebstoff bestreichen und zusammenkleben (siehe Vorlage). Die so entstandene Röhre an der Unterseite leicht öffnen, etwas Klebstoff am Rand auftragen und zusammendrücken. Den Sack mit Watte füllen, den bemalten Zweig aus Tonkarton anlegen und dann den Sack zubinden. Auf die Fadenenden jeweils eine Holzperle fädeln und mit mehreren Knoten sichern.

5 Dem rechten Wichtel einen gelben Stern in die Arme legen. Das Schild aus den Einzelteilen zusammensetzen, beschriften und ankleben.

Adventslichter

MATERIAL PRO LICHT

* Tonkarton in Gold, A5
* Satinband in Rot, 4 mm breit, 30 cm lang
* Engelshaar in Gold
* Teelicht
* Zackenschere

ZUSÄTZLICH FÜR GRÜNES LICHT

* Tonpapierrest in Dunkelgrün
* Rocailles in Rot, ø 2,6 mm

ZUSÄTZLICH FÜR GELBES LICHT

* Tonpapierrest in Gelb
* Rocailles in Rot und Grün, ø 2,6 mm

VORLAGE SEITE 146

ANLEITUNG

1 Die Bodenplatte aus dem goldfarbenen Tonkarton ausschneiden. Den Stern aus dem gelben, die Weihnachtsbäume aus dem dunkelgrünen Tonpapier ausschneiden.

2 Aus dem Engelshaar einige Fäden herausziehen. Die jeweiligen Rocailles einzeln auf die Fäden ziehen und mit Knoten fixieren. Zwischen den einzelnen Rocailles etwa 2,5–3 cm Abstand lassen.

3 Die Perlenfäden um den Stern bzw. die Weihnachtsbäume wickeln. Nach Wunsch zusätzliches Engelshaar ohne Perlen verwenden. Den Stern bzw. die Bäume so auf die Bodenplatte kleben, dass das Engelshaar gut fixiert ist.

4 Aus dem entsprechenden Tonkarton den Streifen für das Teelicht ausschneiden. Für die Oberkante dabei die Zackenschere verwenden. Die großen Spitzen an den gestrichelten Linien umknicken und den Streifen zu einem Ring zusammenkleben (die Spitzen zeigen dabei nach innen). Achtung: Probieren Sie vor dem Zusammenkleben, ob das Teelicht wirklich in den Ring passt.

5 Den Tonpapierring mittig auf die Bodenplatte kleben, indem der Klebstoff auf die Unterseiten der großen Spitzen aufgetragen wird. Nach dem Trocknen das Satinband um den Ring legen und mit einem Doppelknoten und einer Schleife schließen. Die Bandenden schräg abschneiden.

Weihnachtlich beleuchtet

MATERIAL
HEXENHAUS
* Tonkarton in Ocker, A2
* Tonkarton in Hellbraun, A3
* Transparentpapierreste in Gelb, Grün und Rot
* Windowcolor-Konturenfarbe in Weiß
* 3 Teelichter

TANNEN-WINDLICHT
* Tonkarton in Dunkelgrün, A4
* Tonkartonrest in Hellbraun
* Transparentpapierrest in Gelb
* Windowcolor-Konturenfarbe in Weiß
* Teelicht

VORLAGE SEITE 147

ANLEITUNG

Hexenhaus

1 Alle Teile aus Tonkarton an den Außen- und Innenlinien ausschneiden.

2 Öffnungen wie die Fenster (gelb), die Türen (rot) und den Baum (grün) mit Transparentpapier hinterkleben. Dafür das Transparentpapier ca. 1 cm größer als die Vorlage zuschneiden (siehe Abbildung). Das Dach und die Fensterläden aufkleben.

3 Anschließend das Haus mit Konturenfarbe gemäß Vorlage bemalen und trocknen lassen. Das Häuschen an der Klebelasche zusammenfügen und die Teelichter hineinstellen.

Tannen-Windlicht

1 Für die Tanne aus grünem Tonkarton die Außen- und Innenkonturen ausschneiden.

2 Die Öffnungen mit Transparentpapier hinterkleben (siehe Abbildung). Die Lebkuchen aus hellbraunem Tonkarton aufkleben.

3 Die Tanne gemäß Abbildung und Vorlage mit der Konturenfarbe verzieren.

4 Die Bügel an der Tanne nach hinten biegen und dahinter ein Teelicht stellen.

Glänzende Sternornamente

MATERIAL PRO STERN

* Metallprägefolienrest in Gold
* dünne Goldkordel (Aufhängung)

VORLAGE SEITE 147

ANLEITUNG

1 Die kopierte Vorlage an den Rändern mit Klebefilm auf die Prägefolie kleben und die Folie mit der Vorlage nach oben auf eine dicke Zeitung legen.

2 Das Motiv gemäß der allgemeinen Anleitung auf Seite 9 prägen.

3 Das Aufhängeloch, das auf der Vorlage in einer Sternspitze mit einem Punkt markiert ist, mit einer dünnen Nadel einstechen. Die Vorlage von der Folie entfernen und den Stern mit einer spitzen Schere knapp entlang der äußeren Prägelinien ausschneiden.

4 Nun ggf. das Aufhängeloch mit einer dicken Nadel etwas erweitern, indem die Nadel vorsichtig von der Vorderseite durchgesteckt und hin- und hergedreht wird.

Tipp: Verwenden Sie für die Sterne einen möglichst feinen Prägestift, damit Sie schöne Linien und Punkte erhalten. Ersatzweise können Sie zum Prägen eine Stricknadel verwenden, diese lässt sich allerdings nicht gut festhalten.

Regenbogensterne

MATERIAL PRO STERN

★ Regenbogentransparentpapier im Blau-Pink-Gelb-Verlauf oder im Blau-Orange-Gelb-Verlauf, A4
★ Zirkel

VORLAGE SEITE 148

ANLEITUNG

1 Für einen großen Stern mit dem Zirkel um denselben Mittelpunkt zwei Kreise mit den Radien 5 cm und 2,5 cm schlagen. Für die kleineren Sterne betragen die Radien 3,5 cm und 1,7 cm sowie 2,7 cm und 1,3 cm (dafür gibt es keine gesonderte Vorlage). Grundsätzlich gilt, dass der Radius des kleinen Kreises immer halb so groß ist wie der des großen. Mit dem Geo®-Dreieck den Kreis zuerst halbieren, dann vierteln und achteln.

2 Nun den Kreis ausschneiden und vom Rand bis zum Innenkreis entlang der Bleistiftlinien achtmal einschneiden. Die Bleistiftlinien ausradieren.

3 Die Spitzen im Uhrzeigersinn entlang der gestrichelten Linien falten.

4 Hier im Bild wurden entweder zwei unterschiedlich große Sterne aufeinandergeklebt (z. B. kleiner Stern oben links oder die beiden Sterne unten) oder die Sternmitten mit einem kleinen, aufgeklebten, achtzackigen Innenstern verziert. Dafür eine Schablone anfertigen, den Umriss auf Regenbogentransparentpapier übertragen und ausschneiden.

Weihnachtliche Girlande

MATERIAL

* 24 Holzwäscheklammern, 7 cm lang
* Tonkartonreste in Olivgrün, Schwarz, Elfenbein, Dunkelblau, Dunkelrot, Hautfarbe und Sonnengelb
* Acrylfarbe in Tannengrün
* Goldkordel, ø 2 mm, 24 x 20 cm lang
* Bastlocken in Gelb
* 24 Teefilterbeutel, Größe nach Bedarf
* Kokos-Baumbinder, Länge nach Bedarf
* Lackmalstift in Gold

VORLAGE SEITE 148

ANLEITUNG

1 Alle Holzklammern anmalen. Dazu evtl. die Klammern auseinandernehmen und nach dem Trocknen wieder zusammensetzen. Das Goldkordelstück durch die Klammerspirale fädeln, vorn verknoten und jedes Kordelende mit einem Stern ausschmücken.

2 Dem Engel das Gesicht aufmalen, die Wangen mit Buntstift röten und den Kopf von vorn am Rumpf festkleben. Von hinten die Flügel fixieren und vorn das nummerierte Herz anbringen. Die Bastlockenfasern in der Mitte mit einem Stückchen Nähgarn umzwirbeln, dieses verknoten und die Fasern von vorn am Kopf festkleben.

3 Dem Schneemann das Gesicht aufmalen, die Nase aufkleben und die Wangen mit Buntstift röten. Den zusammengesetzten Hut von hinten und das nummerierte Herz von vorn anbringen.

4 Dem Weihnachtsmann das Gesicht aufmalen, den Bart von vorn fixieren, den Mund aufmalen und die Wangen mit einem Buntstift röten. Die Mütze mit Pompon festkleben. Den fertigen Kopf und das nummerierte Herz von vorn anbringen.

5 Die Tannen werden jeweils mit einem nummerierten Herzchen beklebt.

6 Alle Tonkartonmotive auf die bemalten Klammern kleben, die Geschenke in die Teebeutelfilter geben und dann die Modelle wie abgebildet an den Kokos-Baumbinder klemmen.

Hallo, lieber Nikolaus!

Jedes Jahr am 6. Dezember ist es wieder soweit: Wir feiern das Fest des heiligen Nikolaus. Schon Tage im Voraus steigt in vielen Familien die Spannung, welche Geschenke sich wohl in den Säckchen oder Stiefeln verbergen, die von den Kindern mit Freude aufgestellt werden.

Damit das Nikolausfest noch schöner und stimmungsvoller wird, zeigen wir Ihnen in diesem Kapitel zahlreiche liebevolle Bastel- und Dekoideen rund um Nikolaus, Santa Claus und den Weihnachtsmann!

Ho, Ho, Ho, hereinspaziert!

MATERIAL

* Tonkartonreste in Schwarz, Antikblau, Weiß, Rot, Rosa und Dunkelgrün
* Plusterfarben in Weiß, Rot und Hellblau
* Pompon in Rot, ø 1 cm
* Pompon in Weiß, ø 2 cm
* Kordel in Rot, ø ca. 7 mm, 2 x 5 cm lang
* Karoband in Rot-Beige, 1 cm breit, 20 cm lang
* Abstandsklebepads

VORLAGE SEITE 148

ANLEITUNG

1 Alle Einzelteile gemäß Vorlage auf Tonkarton übertragen und ausschneiden. Augen, Mund, Augenbrauen und Fellkante am Mantel mit Plusterfarbe aufmalen und trocknen lassen.

2 Den Kopf fertig stellen: Den Schnurrbart mithilfe eines runden Bleistiftes leicht wölben und mit dem Bart auf das Gesicht kleben. Die Mütze fixieren und darauf das Fell mit den Augenbrauen sowie die Bommel befestigen.

3 Auf den Körper das Mantelfell kleben und die Taschen mit aufgeklebtem Fellbesatz mit Abstandsklebepads fixieren. Auf der Rückseite des Körpers die Kordelbeine mit den zusammen- und angeklebten Schuhen mit Heißkleber anbringen.

4 Die Arme hinter den Körper kleben und den Kopf mit Klebepads auf dem Körper fixieren.

5 Den Weihnachtsmann an den Händen an den Kranz kleben. Diesen mit beschrifteten und mit Klebepads aufgeklebten Kugeln und einer Schleife verzieren.

6 Mit Lackmalstift Lichtreflexe auf Nase, Augen und Stiefel setzen.

Weihnachtsmann mit Elch

MATERIAL

* Sperrholz, 5 mm stark, 30 cm x 35 cm
* Sperrholz, 3 mm stark, 25 cm x 30 cm (Sterne, Herz, Elchschnauze, Kopf-Bartteil und Nasen-Bartteil)
* Fichtenholzplatte, 1,8 cm stark, 7 cm x 11 cm
* Acrylfarbe in Weiß, Rot, Hautfarbe, Hellgelb, Braun, Grün und Schwarz
* Patina
* Metallglöckchen in Gold, 2,5 cm hoch
* geglühter Blumendraht, ø 0,35 mm
* geglühter Stieldraht, ø 1,4 mm
* Bohrer, ø 1 mm und 1,5 mm

VORLAGE SEITE 149

ANLEITUNG

1 Alle Einzelteile aussägen. Die Kanten mit der Holzfeile glätten, dabei an der Abbildung orientieren. Die benötigten Löcher für die Drahtverbindungen (ø 1 mm) bohren und die gefeilten Flächen mit Schleifpapier glätten.

2 Die Motive bemalen. Dabei am besten in Richtung der Holzmaserung arbeiten. Gut trocknen lassen. Die Tanne nach dem Bemalen patinieren: Dafür das Motivteil mit Patina bestreichen und diese sofort mit einem Lappen oder Küchenpapier wieder abnehmen. Dadurch erscheint der grüne Farbton dunkler und die Holzmaserung tritt deutlicher hervor. Alle Teile nochmals leicht abschleifen, damit das Holz dekorativ hindurchscheint.

3 Auf die weiß bemalte und getrocknete Bodenplatte Strukturschnee auftragen. Gemäß Vorlage vier Löcher für die Motive bohren (Bohrer: ø 1,5 mm).

4 Die Gesichter und Innenlinien mit schwarzem Stift gestalten. Nun sämtliche Motivteile mit Blumendraht verbinden: Dafür die beiden Enden eines ca. 10 cm langen Drahtstücks von vorn durch die Bohrungen der beiden zu verbindenden Teile stecken und auf der Motivrückseite mit der Flachzange verdrehen. Die überstehenden Drahtenden mit dem Seitenschneider kürzen.

5 Das Kopf-Bartteil und das Nasen-Bartteil sowie die Elchschnauze aufkleben. Tanne, Weihnachtsmann und Elch von unten anbohren (Bohrer: ø 1,5 mm). 2–3 cm lange Stieldrahtstücke einstecken und die Motive damit in der Bodenplatte fixieren.

Weihnachtssocke und Anhänger

MATERIAL
WEIHNACHTSSOCKE

* Bastelfilzreste in Maisgelb, Hautfarbe, Blau, Grün, Schwarz, Rot meliert und Rot kariert
* Bastelfilz in Weiß, 13 cm x 18 cm
* Textilfilz in Dunkelgrün, 30 cm x 45 cm, 4 mm stark
* Sticktwist in Rot
* Messingschelle, ø 9 mm
* Nähgarn in Grün und Rot
* Pompon in Rot, ø 7 mm
* Filzstifte in Weiß und Schwarz

ANHÄNGER

* Textilfilzreste in Dunkelrot, Dunkelgrün und Braun
* Satinband in Dunkelgrün und Dunkelrot, 3 mm breit, pro Teil 20 cm lang
* 3 runde Nieten in Altsilber, ø 4 mm
* Lochzange und Nietenzange
* Knopf in Grün, ø 1,4 cm
* Stoffrest in Rot-Weiß kariert
* Sticktwist in Rot und Grün
* Plusterfarbe in Weiß

VORLAGE SEITE 164

ANLEITUNG

Weihnachtssocke

1 Die Vorlage abpausen und auf den Textilfilz übertragen. Die Socke zweimal zuschneiden, alle anderen Teile aus Bastelfilz einmal. Die Vorderseite der Socke mit der Schneefläche, den Tannen und den Sternen bekleben.

2 Den Weihnachtsmann laut Vorlage zusammensetzen, das Gesicht aufmalen und die Pompon-Nase aufkleben.

3 Die Messingschelle annähen und beide Sockenteile mit Sticktwist im Schlingstich zusammennähen.

4 Für die Schlaufe ein 2,5 cm breites und 16 cm langes Stück Filz doppelt legen und die schmalen, unteren Kanten mit Nähgarn zusammennähen. Diese entstandene Schlaufe innen an den Stiefelrand nähen.

Anhänger

1 Die Vorlagen abpausen und auf den Textilfilz übertragen. Die Anhänger zuschneiden. An die Tanne mit rotem Sticktwist einen Knopf nähen, das Herz mit einem Stoffflicken bekleben und zusätzlich mit grünem Sticktwist festnähen.

2 Das Gesicht des Lebkuchenmännchens aufmalen und mit Plusterfarbe die Verzierungen auftragen. Für das Weiß der Augen einen kleinen Tupfen Plusterfarbe auftupfen.

3 Alle Teile mit der Lochzange lochen, ø 4 mm. Die Nieten durchstecken und mit der Nietenzange befestigen.

4 Durch jede Niete eine Satinbandschlaufe als Aufhängeband ziehen.

Pst, hier schläft jemand!

MATERIAL
- Tonkarton in Weiß, A4
- Tonkartonreste in Rot, Hautfarbe, Dunkelblau, Hellgrün, Grün, Dunkelgrün, Gelb, Schwarz, Anthrazit, Grau und Blau-Rot gestreift
- Abstandsklebepads

VORLAGE SEITE 149

ANLEITUNG

1 Alle Einzelteile gemäß Vorlage aus Tonkarton ausschneiden. Die Pupillen auf die Augen malen und diese mit Klebepads am Kopf fixieren. Den Kopf anschließend am Rumpf fixieren.

2 Den Ärmel samt Handschuh im Schulterbereich ankleben und den Schal, die Schalenden, den Bart, die komplette Mütze und den Mantelsaum anbringen. Beide Stiefel von der Rückseite ergänzen und die Figur mit Klebepads auf die Schneefläche setzen.

3 Dem Esel das Maul, die Mähne, das Ohr, den Wangenfleck und beide Hufe ankleben. Den kleinen Tannenzweig mit Klebepads hinter das Vorderbein kleben, ebenso das fehlende Ohr ergänzen.

4 Den Esel am Wagen anbringen. Das Rad samt Radmitte festkleben und alles auf der Schneefläche fixieren. Die Wagenstange samt Verschraubung mit Klebepads unter dem Arm des Weihnachtsmannes und direkt am Wagen festkleben.

5 Sämtliche schwarzen Innenlinien aufmalen und die Nasenspitze etwas mit Buntstift röten.

Hurra, der Nikolaus war da!

MATERIAL
AUFSTELLER
* Tonkarton in Schwarz, A3
* Strohseidenreste in Gelb, Weiß und Dunkelbraun
* Strohseide in Grün, Pink und Hellblau, je A4

ENGELSCHAR
* Tonkarton in Silber, 2 x A4
* Strohseidenreste in Gelb, Weiß, Violett und Rosa

VORLAGE SEITE 149

ANLEITUNG

Aufsteller

1 Das Motiv auf den schwarzen Tonkarton übertragen. Die äußere Kontur mit dem Cutter nachschneiden. Dann den Karton an den gestrichelten Linien nach hinten knicken. Damit das Knicken leichter und exakter wird, die gestrichelten Linien zuvor mit einer Nadel nachziehen. Den Karton wieder glatt streichen.

2 Alle Innenflächen herausschneiden. Die Sterne mit gelber, die Tannenzweige mit grüner und die Herzen mit dunkelbrauner Strohseide hinterkleben. Den Stiefel pinkfarben und den Pelzbesatz weiß hinterkleben. Die Zwischenräume hellblau hinterkleben.

3 Einen einzeln ausgeschnittenen Stern von vorn auf die pinkfarbene Stiefelfläche kleben. Von der Rückseite die Innenfläche des Sterns herausschneiden und diese mit gelber Strohseide hinterkleben.

Engelschar

1 Die Engel und Sterne mithilfe von Schablonen aus silberfarbenem Tonkarton ausschneiden. Die Innenflächen ausschneiden, danach die äußeren Konturen nachschneiden.

2 Alle Motive wie abgebildet mit Strohseide hinterkleben und am Fenster befestigen.

Nikolaus und Nikobär auf der Piste

ANLEITUNG

Nikobär

1 Den Nikobär wie in der Anleitung auf Seite 9/10 beschrieben herstellen.

2 Das Innenohr sowie das Schnauzenteil aufkleben. Die Schnauze farbig gestalten. Als Augen die Klebepunkte fixieren und mit schwarzem Filzstift ergänzen.

Nikolaus

Den Nikolaus wie in der Anleitung auf Seite 9/10 beschrieben herstellen.

Tannenbäume

1 Der große Tannenbaum besteht aus drei Teilen und wird wie auf Seite 9/10 beschrieben gestaltet. Der kleinere Baum besteht aus zwei Hälften, die wie auf Seite 9 beschrieben deckungsgleich zusammengefügt werden.

2 Jedes Bäumchen auf einen aus Wellpappe ausgeschnittenen Stern kleben.

MATERIAL NIKOBÄR

* Wabenpapierrest in Rot (kleine Waben)
* Tonkartonreste in Braun, Beige, Weiß und Rot
* 2 Moosgummi- oder Wattekugeln in Schwarz, ø 2,5 cm
* Holzskier mit Stöcken
* Klebepunkte in Weiß, ø 8 mm

NIKOLAUS
* Wabenpapierrest in Rot (kleine Waben)
* Tonkartonreste in Rosa, Weiß und Rot
* 2 Moosgummi- oder Wattekugeln in Schwarz, ø 2,5 cm
* Holzskier mit Stöcken

TANNENBÄUME
* Wabenpapier in Grün (kleine Waben), 2 x A4
* Mikro-Wellpappe in Gold, A5

VORLAGE SEITE 150

Eine Ballonfahrt

MATERIAL
★ Tonkarton in Weiß, A2

**VORLAGE
SEITE 150**

ANLEITUNG

Das Motiv wie auf Seite 6 beschrieben arbeiten und mithilfe eines Klebebandes oder einer Fadenaufhängung am Fenster befestigen.

Nikolaus' Mondfahrt

MATERIAL

✸ Regenbogentonkarton, 50 cm x 70 cm
✸ Tonkarton in Rot und Weiß, A4
✸ Tonkartonreste in Hellgrün, Blau, Grau, Mittelbraun, Hautfarbe und Schwarz
✸ Kordel in Gelb, ø 2 mm und 4 mm, je ca. 60 cm lang
✸ Glitterstift in Weiß

VORLAGE SEITE 151

ANLEITUNG

1 Alle Einzelteile gemäß Vorlage aus Tonkarton ausschneiden und zusammenfügen.

2 Die zuvor bemalten Hände nicht am Bart festkleben. So kann die Kordel mit den angeknoteten Sternen und dem Geschenksack darunter fixiert werden.

3 Die Pelzränder an Mütze und Mantel sowie den Bommel mit Glitterstift bemalen. Das Gesicht mit Filzstiften und weißem Lackmalstift gestalten, alle Innenlinien aufmalen.

4 Den fertigen Nikolaus auf die Mondsichel kleben und mit einigen zusätzlichen Sternen am Fenster dekorieren.

Weihnachtsmann

MATERIAL

* Fotokarton in Rot und Weiß, A3
* Fotokartonreste in Gelb, Grün, Blau, Hellbraun und Hautfarbe
* 2 Klebepunkte in Schwarz, ø 8 mm

VORLAGE SEITE 166

ANLEITUNG

1 Der rote Mantel ist aus einem Stück. Darauf das Gesicht kleben, dann den weißen Bart, darüber den Schnurrbart und den roten Nasenkreis aufsetzen.

2 Anschließend das Gesicht gestalten: Die schwarzen Klebepunkte sind die Augen, in die mit Lackmalstift ein weißer Lichtpunkt gesetzt wird. Die Wangen mit rotem Buntstift färben.

3 Jetzt den grünen Handschuh und alle Pelzbesätze anbringen. Die gelben Strümpfe hinter den blauen Schuhen und diese dann von hinten am Mantel fixieren. Nun noch den Sack positionieren und mit dem gelben Flicken versehen.

4 Zum Schluss alle Linien wie Flickenstiche, Schuhfalten und Ärmellinien mit schwarzem Filzstift aufzeichnen.

Fensterkette

MATERIAL

* Fotokartonreste in Gelb, Grün, Weiß und Rot
* Wellpapperest in Gelb
* 4 Klebepunkte in Rot, ø 8 mm
* 5 bunte Holzperlen, ø 1 cm

VORLAGE SEITE 165

ANLEITUNG

1 Die Sternform ausschneiden, als Nase den Klebepunkt aufsetzen. Das Gesicht aufmalen. Den Wellpappestreifen zum Locken eng um einen Stift herumwickeln und wieder abziehen. An einer Kante mit Klebstoff bestreichen und als Haarlocke aufsetzen.

2 Beim Weihnachtsmann die rote Grundform ausschneiden und das Bartteil aufkleben. Die Augen mit Filzstift, die Wangen mit Buntstift aufmalen. Den Schnurrbart aufkleben und den Klebepunkt als Nase aufsetzen. Die Schuhe von hinten an der Figur fixieren, den Plüschbesatz von vorne aufkleben.

3 Dem Tannenbaum das Gesicht aufmalen, als Nase einen Klebepunkt verwenden. Die rote Mütze aufkleben und den weißen Besatz am Rand fixieren.

4 Die einzelnen Figuren nach Lust und Laune zusammenfügen, senkrecht oder waagrecht aufhängen. Die einzelnen Teile werden mit einem Faden miteinander verbunden. Dieser wird durch eine Figur durchgestochen, durch eine farbige Holzperle geführt, durch die nächste Figur gestochen und dahinter verknotet.

Fröhliche Weihnachten!

MATERIAL WEIHNACHTSMANN

★ Tontöpfe, ø 12 cm, ø 3 cm, ø 4 cm, ø 6 cm und 6 x ø 4 cm

★ Tonuntersetzer, ø 12 cm

★ Tontopfkugel, ø 5,5 cm, 4,5 cm hoch

★ 2 Tonhände, ca. 3,5 cm lang

★ Acrylfarbe in Schwarz, Silber, Rot und Weiß

★ Strukturschnee in Weiß, grob

★ Steckdraht in Blau, geglüht, ø 1,6 mm, 2 x 25 cm lang

★ 2 Halbperlen in Schwarz, ø 6 mm

★ 2 Fotokartonkreise in Weiß, ø 8 mm

★ Bastelfilzrest in Rot

★ Formfilz in Weiß, 30 cm x 45 cm

★ Wattekugeln, ø 2 cm und ø 2,5 cm

★ 2 Pappstiefel, 7 cm lang, 7 cm hoch

★ Moosgummi in Schwarz, 2 mm stark, 1,5 cm x 30 cm lang

★ Moosgummirest in Grau, 2 mm stark

★ Zeitungspapier

★ UHU Montage

VORLAGE SEITE 151

ANLEITUNG

Weihnachtsmann

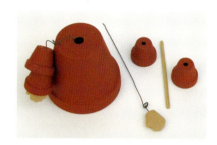

1 Den Untersetzer, zwei Beintöpfe und die Pappstiefel schwarz, die übrigen Tontöpfe rot bemalen. Trocknen lassen und dann die Ränder von Körpertopf, großem Mützentopf und Pappstiefeln weiß grundieren und nach dem Trocknen mit Strukturschnee betupfen. Die Stiefel mit Silber schattieren, die Kugel nicht bemalen.

2 Die Stiefel bis ca. 3 cm unterhalb des Randes fest mit Zeitungspapier ausstopfen und die Beintöpfchen mit Montagekleber einkleben. Darauf mittig den Untersetzer (flache Seite nach unten) kleben und gut durchtrocknen lassen.

3 Jeweils ein Steckdrahtende in eine vorgebohrte Handöffnung kleben. Den Draht mit einer Zange etwas oberhalb der Hand zu einer Öse drehen und den ersten Topf auffädeln. Den Draht erneut zu einer Öse biegen und den zweiten Topf auffädeln. Den übrigen Draht zwei- bis dreimal wellig biegen und durch das Topfloch des Körpers stecken. Die Drahtenden über einem Hölzchen im Topfinneren miteinander verdrehen.

4 Die Mützentöpfchen zusammenkleben und als Bommel eine abgeschnittene und mit Strukturschnee bestrichene Wattekugel aufkleben. Die Mütze auf den Kopf, diesen auf den Körper und den Oberkörper auf den Untersetzer kleben. Die Einzelteile zwischendurch antrocknen und die gesamte Figur weitere zwei Stunden gut durchtrocknen lassen.

5 Den weißen Filz doppelt legen und mit Alleskleber zusammenkleben, so wirkt er plastischer. Die Haar- und Bartteile zuschneiden – dafür Transparentpapierschablonen anfertigen und diese auf dem Filz feststecken. Den Mund aus rotem Filz zuschneiden und anschließend alle Filzteile nach Abbildung aufkleben. Den Bart mit etwas Wasser zurechtformen. Die Augen und die rot bemalte Wattekugel als Nase aufkleben. Die Bäckchen mit weißer und roter Farbe auftragen. Aus Moosgummi den Gürtel und die Schließe ausschneiden und fixieren.

Geschenktöpfchen

Kleine Geschenktöpfchen können aus Tonuntersetzern und -töpfen (ø 6 cm) gebastelt werden. Diese bemalen, zusammenkleben und den Rand mit grobem Strukturschnee gestalten. Zum Verschließen einen Krepppapierstreifen (13 cm x 35 cm) einkleben und mit Satinband zubinden.

Santa und seine Rentiere

MATERIAL PRO RENTIER

* 2 Watteeier,
  1 x ca. 2,8 cm x 2,2 cm und
  1 x 3 cm x 2,5 cm
* matte Acrylfarbe in Cappuccino, Mittelbraun, Schwarz, Weiß und Rosé, helles Beige (aus Weiß und etwas Cappuccino gemischt)
* 4 Holzfüße, 2 cm x 1,5 cm
* Aludraht, ø 2 mm, 22 cm lang
* Fotokartonrest in Weiß
* Bastelfilzrest in Orange, 1 cm x 11 cm
* Zahnstocher

NIKOLAUS

* 2 Wattekugeln, 1 x ø 2,5 cm und 1 x ø 2 cm
* Watteei, ca. 3 cm x 3,8 cm
* matte Acrylfarbe in Hautfarbe, Weiß, Rosé, Rot, Dunkelbraun und Schwarz
* 2 Holzhände, ca. 2 cm x 1,2 cm
* Bohne, ca. 9 mm lang
* Plusterstift in Weiß
* Pompon in Weiß, ca. ø 1 cm
* Bastelfilzrest in Hellrot
* Chenilledraht in Rot, 16 cm

VORLAGE SEITE 152

ANLEITUNG

Rentiere

1 Wattekugeln, Holzfüße, Drähte und Fotokarton grundieren. Die Vorlage für das Gesicht auf das kleinere Ei übertragen, mit Acrylfarbe nachzeichnen und mit einem trockenen Pinsel und wenig Farbe ein wenig helles Fell auf den Kopf malen.

2 Die Vorlage für die Ohren und den Schwanz auf den Fotokarton übertragen und die Ohrinnenseite aufmalen. Alle Teile mit Heißkleber an den Watteeiern befestigen. Vom Draht zweimal 6 cm abtrennen und den restlichen Draht in vier gleich lange Teile zerschneiden. Die langen Drahtteile in Form biegen (Geweih), bei den restlichen Stücken je einen Fuß an den Enden fixieren. Die Löcher der Füße hierfür ggf. mit einer kleinen Schere etwas weiten.

3 Löcher für Geweih, Hals und Beine vorstechen und dann die Drähte und den Zahnstocher (vorher kürzen) hineindrehen. Die Beine in Form biegen. Einem der Rentiere das Filzstück als Schal umbinden und die Enden mehrfach einschneiden.

Nikolaus

1 Die Watte- und Holzformen grundieren, ebenso die Bohne. Das Gesicht auf die Kugel übertragen und mit Acrylfarbe nachzeichnen. Die Vorlage für die Mütze auf Filz übertragen und ausschneiden. Gemäß Vorlage zusammenkleben und einen Pompon auf der Spitze fixieren. Den bemalten Zahnstocher halbieren und in den Kopf stecken. Die Bohne als Nase aufkleben und die Mütze auf dem Kopf fixieren. Anschließend mit Plusterfarbe den Fellbesatz auftragen. Mehrere Stunden trocknen lassen.

2 Zum Aufkleben auf eine Schachtel das Körper-Watteei mit einem scharfen Küchenmesser auf ca. 2,7 cm kürzen. Als Fell weiße Acrylfarbe auf den Körper und die Holzhände auftragen, ebenfalls trocknen lassen.

3 Den roten Chenilledraht halbieren und die Hände fixieren. Die Arme in die vorgestochenen Löcher, Zahnstocher und Kopf in das vorhandene Loch stecken. Die Wattekugel an die Hand kleben.

Tipp: Die originellen Kerlchen können auf kleine Pappschachteln (ø 6,5 cm bis 8,5 cm) geklebt werden. Diese vorher mit Acrylfarbe bemalen und den Deckel mit Strukturschnee und Wattekugeln (ø 1,5 cm bis 2,5 cm) verzieren. Eine hübsche Idee für Adventskalender oder Geschenkdosen.

Nikolaus, der Bischof von Myra

MATERIAL

* Alu-Bastelkarton in Rot, A3
* Alu-Bastelkartonrest in Gold
* Alu-Bastelfolienrest in Gold
* Tonkartonreste in Apricot, Schwarz, Rot und Orange
* Rundholzstab, ø 6 mm
* Engelshaar in Weiß
* Büroklammer

VORLAGE SEITE 153

ANLEITUNG

1 Die Einzelteile gemäß Vorlage ausschneiden. Mithilfe einer Schere und eines Lineals die Klebelasche am Mantel vorfalzen und diesen sowie die Ärmel überlappend zusammenkleben. Die Teile zum Trocknen mit einer Büroklammer fixieren. Die Hände in den Ärmeln und diese am Mantel befestigen.

2 Die Bodenteile 1 und 2 ineinanderstecken. Die Zacken nach oben falzen, bevor die Teile als Boden in das Mantelteil geklebt werden.

3 Augen, Nase und Mund auf das Gesicht kleben. Die Zacken des Kopfteils nach innen falzen und das Teil zum Ring schließen. Das Kopfteil in der Mantelöffnung fixieren. Am Kopfrand und seitlich am Kopf vorsichtig Klebstoff auftragen, um das Engelshaar zu befestigen.

4 Vor dem Zusammenfügen der Hälften für die Bischofsmütze eine Seite mit dem Bogen und Kreuz aus Alu-Bastelfolie bekleben. Die fertige Mütze auf dem Engelshaar fixieren.

5 Den Holzstab auf 20 cm kürzen und an einem Ende den goldfarbenen Abschluss aus Alu-Bastelkarton anbringen. Eine Hand mit der Lochzange lochen und den fertigen Stab hindurchstecken.

Tipp: Dieser stattliche Nikolaus hat unter seinem Mantel Platz für ein kleineres Geschenk. Dafür einfach den Mantelboden vorsichtig öffnen und das Geschenk hineinlegen. Eine liebevolle Verpackung, die später als festliche Dekoration das Zuhause schmückt.

Lustige Faltbänder

MATERIAL PRO FALT-BAND

* Tonpapier in Rot oder Grün, je 50 cm x 70 cm
* Tonpapier in Weiß, A4
* Konturenfarbe in Schwarz und Rot
* Klammerhefter

VORLAGE SEITE 153

ANLEITUNG

Tannen

1 Vom Tannenbaum eine Kartonschablone anfertigen.

2 Einen grünen Tonpapierstreifen, 50 cm x 12 cm, zuschneiden. Damit der Streifen im Zickzack aufgefaltet werden kann, ihn im Abstand von 6 cm mit dem Cutter senkrecht einritzen oder mit einem leer geschriebenen Kugelschreiber senkrechte Linien eindrücken und daran entlang falten.

3 Darauf die Tannenschablone legen und den Umriss mit Bleistift nachziehen. Damit die Faltungen beim Ausschneiden nicht verrutschen, mit dem Klammerhefter zwei Klammern außerhalb der Tanne anbringen.

4 Das Motiv mit der Schere oder besser mit dem Cutter auf einer Schneideunterlage ausschneiden. Achtung: Je länger das Faltband ist, desto schwerer lässt es sich ausschneiden. Das Motiv entfalten.

Weihnachtsmänner

1 Die Weihnachtsmann-Faltbänder ebenso arbeiten. Die Tonpapierstreifen sind ebenfalls 50 cm lang und 12 cm bzw. 16 cm breit.

2 Das Kopf-Bartteil in der benötigten Anzahl ausschneiden. Den Bart rundum jeweils 5 mm bis 8 mm tief einschneiden. Dann mit der Konturenfarbe zuerst die Nase und dann die Augen auftupfen. Die Kopf-Bartteile aufkleben.

Weihnachtszeit – schöne Zeit!

Endlich Weihnachten! Die vierte Kerze auf dem Adventskranz ist angezündet, der Weihnachtsbaum aufgestellt und Plätzchenduft erfüllt das Zuhause. Wenn Sie noch die passende Idee für ein kleines Geschenk oder festliche, aber unkomplizierte Dekorationen suchen, werden Sie in diesem Kapitel garantiert fündig. Auch für die kleinen Bastler sind wieder eine Menge toller Anregungen dabei. Da macht das Weihnachtsfest gleich noch mehr Spaß!

Weihnachtskätzchen

MATERIAL TÜRSCHILD

- Fotokarton in Weiß, A3
- Fotokartonreste in Rot, Gelb, Hellgrau und Violett
- Tonpapierreste in Pink, Hellrosa, Grün und Grau
- Wellpappereste in Weiß und Rot-Weiß gestreift
- Plusterfarbe in Weiß
- Blumendraht in Schwarz, ø 0,35 mm, 2 x 16 cm lang (Schnurrbarthaare), 3 x 10 cm lang (Stern und Schild)
- 3 Plüschpompons in Rot, ø 7 mm
- Holzherz, ø 1,5 cm

ZUSÄTZLICH FÜR TÜTE

- Spitztüten-Hänger, ø 10 cm x 26 cm
- Acrylfarbe in Rot und Weiß
- Styroporkugel, ø 4 cm
- Strukturschnee

VORLAGE SEITE 154

ANLEITUNG

Türschild

1 Die Katze aus weißem Fotokarton schneiden und mit grauem Filzstift das gescheckte Fell und die Beinumrisse aufzeichnen. Mund und Augen zeichnen, die Wangen einfärben, das rote Holzherz als Nase und rosa Innenohren aus Tonpapier aufkleben.

2 Mit Plusterfarbe weiße Punkte auf die beiden Schalteile setzen, Fransen einschneiden und ankleben. Die rote Mütze samt Flicken mit einem Rand und einem Pompon aus weißer Wellpappe überkleben und aufsetzen. Zwei Stücke Blumendraht als Schnurrbarthaare durchstechen und an der Rückseite ankleben.

3 Das Schild beschriften und mit einem schmalen Rand rot-weiß gestreifter Wellpappe umkleben. Zwei grüne Blätter aufsetzen und darauf die Plüschpompons arrangieren.

4 Das Mäuschen gestalten und die Linie beim Ohr leicht einschneiden. Mit Plusterfarbe an der Mütze einen weißen Rand und einen Pompon malen, über Nacht trocknen lassen, in die Schnittlinie einschieben und ankleben. Das Schwänzchen und den Arm aus Tonpapier schneiden, an der Rückseite fixieren und vorsichtig in Form biegen.

5 Das Mäuschen über dem Geschenk befestigen. Mit Blumendraht das Schild an den Katzenkörper und einen Stern an den Schwanz hängen.

Tüte

1 Die Spitztüte weiß grundieren – auch den inneren Rand –, danach rot bemalen. Den Strukturschnee mit Wasser leicht verdünnen und Rand und Styroporkugel damit überziehen. Nach dem Trocknen die Spitze in die Kugel stechen und mit Klebstoff fixieren.

2 Die Katze wie oben beschrieben fertigen, den unteren Teil weglassen (siehe Vorlage) und den Körper im Tüteninneren festkleben. Der Schwanz mit dem angehängten Stern wird von außen an die Tüte geklebt.

Weihnachts-Alphabet

MATERIAL

* Fotokarton in Weiß, Rot, Grün, Blau, Schwarz, Hellbraun und Gelb, A4
* Tonpapierreste in Weiß und Schwarz
* Plüschpompons in Rot, ø 7 mm

VORLAGE SEITE 168/169

ANLEITUNG

1 Zuerst die Buchstaben ausschneiden und die Schuhe oder die Händchen ankleben. Augen und Mund mit Filzstift auf die Gesichter malen und rote Pompons als Nase ankleben. Die Gesichter auf die Buchstaben kleben. Alle Teile sind aus Fotokarton, nur das Rentiergeweih und der Bart des Weihnachtsmannes lassen sich leichter aus Tonpapier ausschneiden.

2 Für die Karten und Paketanhänger wird ein Streifen des Rechtecks eingebogen und dieser mit einem farbigen Fotokarton überdeckt. Darauf klebt das jeweilige Köpfchen. Die Hände werden um die Kante gebogen und beidseitig angeklebt.

3 Mit den Buchstaben kann man Schriftzüge wie z.B. „Fröhliche Weihnachten", „Frohes Fest" oder „Willkommen zu Hause" zusammensetzen. Sie werden dann mit einem dünnen Nylonfaden verbunden. Farben und Figuren der Buchstaben sind austauschbar.

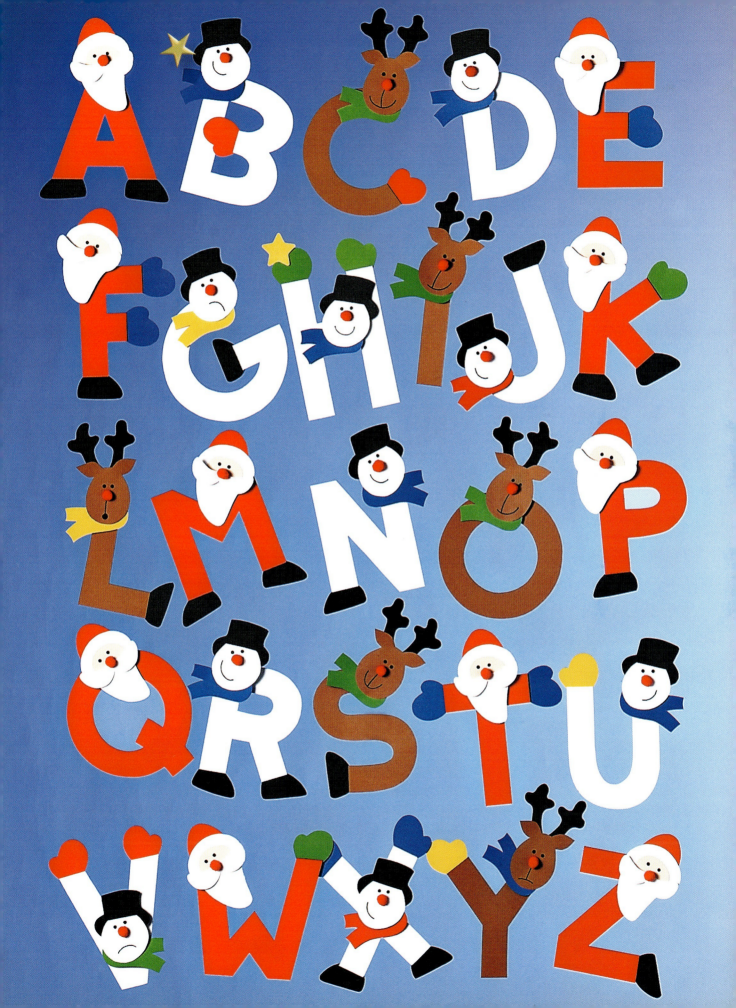

Glöckchenwichtel

MATERIAL PRO FIGUR

* durchbohrte Rohholzkugeln, 2 x ø 8 mm und je 1 x ø 1 cm und ø 3 cm
* Tontöpfe, 1 x ø 3,5 cm und 1 x ø 4,5 cm
* Papierdraht in Rot, ø 2 mm, 14 cm lang, und in Grün, 2 x 7 cm lang
* Bastelfilzrest in Grün
* Acrylfarbe in Rot, Grün und Weiß
* Holzperle in Rot, ø 8 mm
* 2 Holzfüße, 1,5 cm lang
* Glöckchen in Gold, ø 1,9 cm
* Paketschnur, 40 cm lang

VORLAGE SEITE 154

ANLEITUNG

1 Die Tontöpfe zuerst weiß grundieren, so werden die Farben leuchtender. Holzfüße und Holzkugeln in der entsprechenden Farbe bemalen.

2 Das Gesichtchen aufmalen und die halbierte Perle als Nase ankleben.

3 Die Paketschnur doppelt nehmen und zuerst das Glöckchen einknüpfen. In ca. 6 cm Höhe einen Knoten binden, die Schnur durch die Topföffnung führen, das fertige Köpfchen auffädeln, den kleineren Tontopf als Hut und abschließend die grüne Holzkugel befestigen (vgl. Skizze auf Seite 154).

4 Die Papierdrahtstücke in die Holzfüße kleben, um ein Schaschlikstäbchen wickeln, im Topfinneren fixieren und in die gewünschte Position ziehen.

5 Das Armstück um die Paketschnur wickeln und beidseitig eine Holzkugel aufschieben. Den Schal umbinden und ein Filzherz aufsetzen.

Herzige Baumdekoration

MATERIAL PRO HERZTÜTE

- Tonkarton in Weiß mit Sternchenmuster, A5 bzw. A4
- Tonkarton in Blau und Rot, A5 bzw. A4
- Alu-Bastelkarton in Rot mit geprägtem Sternchenmuster, A5 bzw. A4
- Schleifenband in Gold, 1,5 cm breit, ca. 25 cm lang
- Alu-Sternchen
- UHU Glitter Glue in Gold und Silber

HERZCHEN-GIRLANDE

- Tonkarton in Rot
- Alu-Sternchenfolie in Rot
- Goldkordel

VORLAGE SEITE 155

ANLEITUNG

Herztüten

1 Für ein großes Herz einen ca. 1,5 cm x 26 cm großen Streifen und für ein kleines Herz einen ca. 1,5 cm x 15 cm großen Streifen zuschneiden.

2 Die großen und kleinen Herztüten werden auf dieselbe Weise hergestellt: Die Herzform ausschneiden und an den gestrichelten Linien falzen (dafür am besten mit einer Scherenspitze oder Nadel die Linien vorsichtig anritzen) und falten. Die Formen an der Klebelasche zusammenkleben.

3 Den Streifen als Henkel innen festkleben. Die Herzen entweder mit Glitter Glue bemalen und mit Sternchen bekleben oder mit einer Schleife verzieren, die ebenfalls aufgeklebt wird.

Herzchen-Girlande

1 Die Herzen in beliebiger Anzahl ausschneiden. Den Aufhänger nach hinten biegen und ankleben.

2 Abwechselnd ein Tonkartonherz und ein Herz aus Alu-Sternchenfolie auf die Kordel fädeln.

Hinweis

Auf einen Bogen der Größe A4 passen ca. 13 Herz-Anhänger.

Weihnachtsgrüße

MATERIAL PRO KARTE UND ANHÄNGER

- Metallprägefolienrest in Silber
- Silberdraht, ø 0,6 mm
- Effektdraht in Silber
- Wachsperlen in Weiß, Rot, Grün und Silber, versch. ø
- Nähfaden in Silber
- Quaste in Silber
- Lackmalstift in Grün und Rot
- Doppelkarte in Weiß, Größe nach Wunsch

VORLAGE SEITE 155

ANLEITUNG

Karten

1 Die Motive gemäß allgemeiner Anleitung auf Seite 9 und Vorlage prägen. Dann die Motive mit Lackmalstift ausmalen.

2 Den Rand des Quadrates mit der Zackenschere nachschneiden. Auf ein Stück Silberdraht verschiedene Perlen auffädeln. Das obere Ende mit einer Zange eindrehen, das untere umbiegen, damit die Perlen nicht herunterrutschen können. Den Draht wie abgebildet zwischen Karte und Quadrat legen, dann das Quadrat aufkleben.

3 Durch die beiden Hände jeweils ein Loch stechen, durch das der gebogene Silberdraht mit aufgereihten Perlen gesteckt wird. Den Nikolaus mit Heißkleber auf der Karte fixieren, zusätzlich das rote Herz und das grüne Paket über dem Draht festkleben.

Herzanhänger

Das Herz prägen und entlang der Kontur ausschneiden. Es kann nun auf eine passend bemalte Dose geklebt (ggf. mit einem daruntergelegten und zu einer Spirale verdrehten Draht) oder als Anhänger gestaltet werden. Dafür einen Silberfaden doppelt durchstechen, die Quaste fixieren und einige Perlen auffädeln.

Tipp: Die Kerze steht auf einem geprägten Silberteller. Rund um die Kerze eine Perlenschnur aus Effektdraht und etwas Flower Hair schlingen. Wachsperlen in Creme, Silber und Rot sehen besonders festlich dazu aus.

Schenken mit Herz

MATERIAL
GESCHENKPAPIER

* Packpapier
* Filzrest, 3 mm stark
* aufgeschnittene Milchtüte
* Acrylfarbe in Rot und Gold
* Glitterliner in Gold
* Windowcolor in Weiß
* feiner Haarpinsel

GESCHENK-ANHÄNGER

* Fotokartonrest in Hellbraun
* Packpapierrest

VORLAGE SEITE 152

ANLEITUNG

Geschenkpapier

1 Das Herz auf den Filzrest aufzeichnen, ausschneiden und auf ein passendes Stück Milchtüte kleben.

2 Dann den so entstandenen Filzstempel (siehe Abbildung) mit Acrylfarbe bepinseln und damit das Packpapier bedrucken. Gut trocknen lassen.

3 Um die roten Herzen mit goldener Acrylfarbe und einem dünnen Haarpinsel etwas größere Herzen ziehen. Mit dem Glitterliner und der weißen Windowcolorfarbe zwischen die Herzen noch wie abgebildet ein Muster malen.

Geschenkanhänger

1 Den Fotokarton in der Größe 7 cm x 12 cm zuschneiden und die oberen beiden Ecken schräg abschneiden.

2 Den Geschenkpapierrest auf die Größe 5,5 cm x 6 cm zuschneiden und aufkleben.

3 Mit einem schwarzen Stift beschriften und lochen.

Tipp: Auf diese Art und Weise lässt sich auch für andere Feste tolles Papier bedrucken, z. B. mit Buchstaben.

Lustige Nüsse, Zapfen & Co.

MATERIAL
TONTOPF-FIGUR
- durchbohrte Rohholzkugel, ø 4 cm
- Tontopf, ø 5,5 cm
- matte Acrylfarbe in Hautfarbe, Weiß, Ocker und Dunkelbraun
- matte Acryl- oder Plusterfarbe in Weiß, Rosa und Braun
- Chenilledraht in Hellbraun und Braun, je 14 cm lang
- Sternanis, Haselnuss
- Buntstift in Rot

TANNENZAPFEN-MÄNNCHEN
- Tannenzapfen, ca. 6,5 cm hoch
- Tonkartonrest in Pink und Weiß
- matte Acrylfarbe in Weiß, Braun und Ocker
- 2 Rohholzkugeln, ø 1 cm
- Plastikperle in Rot, ø 1,2 cm
- 2 Plastikperlen in Weiß, ø 6 mm
- Fruchtschale am Draht, ø ca. 4 cm
- Chenilledraht in Braun, 10 cm lang
- Motivlocher: Schneeflocke

NUSSENGEL
- Tonkartonreste in Hautfarbe, Weiß und Dunkelgelb
- matte Acryl- oder Plusterfarbe in Weiß, Rosa, Hellblau und Lachs
- Walnuss
- Chenilledraht in Apricot, 2 x 2,5 cm, 2 x 1 cm und 1 x 3 cm lang
- Bast in Rosa, ca. 40 cm lang

NUSSBUBE
- durchbohrte Rohholz-kugeln, 2 x ø 1,2 cm und 1 x ø 3 cm
- matte Acrylfarbe in Hautfarbe
- matte Acryl- oder Plusterfarbe in Weiß, Rosa und Hellblau
- Walnuss
- 4 kleine Kiefernzapfen am Draht
- Seiden-Eichenblatt
- Fruchtschale am Draht, ø 3,5 cm
- dünner Wollrest in Beige

VORLAGE SEITE 156

ANLEITUNG

Tontopffigur

1 Die Einzelteile wie abgebildet gestalten. Die Kugel und den Tontopf vor dem Bemalen weiß grundieren. Für das Herz auf der Tasche Ocker und Weiß mischen, die Wangen mit Buntstift auftragen. Dazu mit einem Messer etwas Farbe von der Buntstiftspitze schaben und mit dem Zeigefinger im Gesicht verreiben.

2 Kopf und Tontopf mit hellbraunem Chenilledraht (ca. 2 cm lang) und etwas Heißkleber verbinden. Die Arme hinten an den Tontopf kleben, die Nuss als Muff vorn daran fixieren. Einen Sternanis ins Haar kleben und den Schal aus Chenilledraht umlegen.

Baumschmuck

1 Die Motivteile gestalten. Die Rohholzkugeln für den Nussbuben vor dem Bemalen weiß grundieren.

2 Beim Tannenzapfenmännchen Nase, Mund und Augen mit Heißkleber am Zapfen fixieren. Die Rohholzkugeln auf den Chenilledraht stecken, mit Klebstoff fixieren und von hinten an den Zapfen kleben. Schneeflocken ausstanzen und auf das ausgeschnittene Snowboard setzen, dieses an eine Hand kleben. Als Mütze die bemalte Fruchtschale aufkleben.

3 Beim Nussengel Hände, Füße und den Kopf mit Heißkleber an die Chenilledrahtstücke und dann auf die Walnuss kleben. Bast als Aufhängung um die Figur knoten, ggf. mit Heißkleber fixieren. Die Flügel hinten festkleben und den Stern ins Haar kleben.

4 Beim Nussbuben die Kiefernzapfen als Arme und Füße festkleben. Die Kiefernzapfen für die bemalten Arme vorher oben flach abschneiden und die Holzkugeln als Hände aufkleben. Das Blatt auf die Walnuss kleben, darauf den Kopf. Den Wollrest als Haarsträhnen fixieren und darüber die Fruchtschale als Mütze setzen.

Frosty und Santa

MATERIAL

* Fotokarton in Dunkelrot, 25 cm x 22 cm
* Fotokarton in Weiß, 28 cm x 18 cm
* Fotokartonreste in Olivgrün, Maisgelb, Weiß, Schwarz, Hautfarbe und Hellbraun, Dunkelblau und Dunkelrot
* Plusterfarbe in Weiß
* Paketschnur, ø 1,7 mm
* Bürohefter

VORLAGE SEITE 167

ANLEITUNG

Weihnachtsmann

1 Die Vorlagen abpausen. Den Streifen Fotokarton längs in der Mitte mit einer Nadel genau senkrecht zur Kante anritzen. Den Streifen doppelt legen, die Schablone des Weihnachtsmannes genau an die Knickkante legen, mit einem Bleistift den Umriss und die Sterne aufzeichnen. Den Weihnachtsmann ausschneiden. Die Karte aufklappen und aus der Vorderseite die Sterne ausschneiden.

2 Den Bart, das Gesicht mit Nase und den Mützenrand anbringen. Gesichtskonturen aufmalen und die Wangen mit Buntstift röten. Die Schuhe ergänzen und die Sterne aufkleben.

3 Den kleinen Baum zusammensetzen, den Schriftzug ergänzen und aufkleben. Die Mütze mit Plusterfarbe verzieren und eine Schleife aus Paketschnur anbringen. Die Sterne mit den zurechtgeschnittenen Fotos hinterkleben.

Schneemann

1 Die Umrisse von Schneemann und Herzen wie beim Weihnachtsmann übertragen und ausschneiden. Nun den Schneemann genau wie den Weihnachtsmann arbeiten. Von vorne den zusammengesetzten Hut aufkleben und die Möhre, die Schuhe und die Sterne ergänzen. Das Gesicht aufmalen und die Wangen mit Buntstift röten.

2 Das Herz beschriften, lochen und mit einem Stern bekleben. Das Herz mit einer Paketschnur um den Hals binden. Zwei Schleifen für die Schuhe binden und festkleben. Die Herzen von innen mit Fotos hinterkleben.

Mäuschen

MATERIAL PRO MAUS

* Wäscheklammer, 4,5 cm lang
* Fotokarton in Grau, Hellbraun und Elfenbein
* Acrylfarbe in Weiß und Rot oder Grün
* Plusterstift in Schwarz (Nase, Schrift)
* geglühter Blumendraht, ø 0,35 mm, 3 x 4 cm lang
* Abstandsklebepads, 5 mm x 5 mm

VORLAGE SEITE 164

ANLEITUNG

1 Die Klammer grün oder rot bemalen und weiße Streifen aufmalen. Die Einzelteile des Motivs aus Fotokarton ausschneiden.

2 Den elfenbeinfarbenen Zuckerguss beschriften und auf das Weihnachtsgebäck kleben. Das Gebäck auf den Mäuserumpf kleben. Die Vorderpfoten anbringen.

3 Am Kopf die weißen Wangen und Ohrinnenflächen aufmalen. Mit Filzstift die Augen und mit dem Plusterstift die Nase aufmalen. Die Löcher für die Barthaare mit der Vorstechnadel einstechen und die Drahtstücke durchstecken. Den Kopf mit zwei Klebepads auf den Hals kleben.

4 Das Mäuschen auf die Klammer kleben.

Festliche Kerzen

MATERIAL

* Kerzenmalstifte in allen Farbtönen
* Kerzenmalstift-Fluid
* Maldüsen in versch. ø
* transparente Verzierwachsplatte, 10 cm x 20 cm, A4 und 10 cm x 10 cm
* Kerzen in Gelb und Weiß
* Doppelkarte in Gelb, 11,5 cm x 16,8 cm
* Pinsel
* Mischpalette
* Schwamm
* Wattestäbchen

VORLAGE SEITE 156

ANLEITUNG

Kerze mit Engeln

1 Die Vorlage mit Klebefilmstreifen unter der Wachsplatte befestigen. Alle Linien mithilfe eines mit einer Maldüse versehenen schwarzen Kerzenmalstiftes nachmalen. Dabei die Maldüse nie gegen den Strich schieben, sondern die Vorlage und Wachsplatte immer in die zum Ziehen günstigste Position legen. Die Farbe vor dem neuen Farbauftrag ca. eine Stunde trocknen lassen.

2 Für einen feinen Farbauftrag die benötigten Farben auf einer Mischpalette mit Kerzenmalstift-Fluid verdünnen. Für einen erbsengroßen Farbtropfen ist dabei ein Tropfen Farbverdünner ausreichend.

3 Nun alle Farbfelder wie abgebildet nach und nach mit einem dünnen Pinsel ausmalen. Auch bei diesen Farben gelten die üblichen Farbmischregeln. Bis auf die Metallicfarben verändern sich die Farbtöne beim Trocknen kaum. Mithilfe einer auf einem Stück Papier getrockneten Farbprobe fällt die Farbauswahl leichter. Für Hautfarbe Weiß, Gelb und eine Pinselspitze Rot mischen. Die weiße Wolke für eine plastische Wirkung direkt aus dem Kerzenmalstift arbeiten. Achtung: Immer bis zur Kontur malen, nicht darüber.

4 Das Motiv trocknen lassen und anschließend ausschneiden: Dafür mit einer Prickelnadel, ersatzweise auch mit einer Stecknadel, die Wachsplatte entlang der äußersten Kontur durchtrennen. Anschließend die äußeren Wachsplattenreste von der Unterlage abheben, sodass nur das Bild zurückbleibt.

5 Das Bild von der Unterlage ablösen und an gewünschter Stelle auf der Kerze festdrücken. Die Handwärme genügt, um das Wachsbild zu fixieren.

Kerze mit Stern und Karte

1 Das Motiv wie bei der Kerze mit Engeln beschrieben arbeiten. Jedoch entlang der äußeren schwarzen Kontur nochmals eine gelbe Kontur malen. Den Stern gut trocknen lassen und anschließend entlang dieser Kontur ausschneiden.

2 Für die Karte das Motiv wie bei den Engeln beschrieben gestalten und auf der Kartenvorderseite andrücken.

Hinweise

▸ Für eine möglichst exakte Ausarbeitung der Motive und sehr kleine Verzierungen am besten eine Maldüse verwenden.

▸ Nasse Farbe nur unmittelbar nach dem Farbauftrag mit einem Wattestäbchen entfernen oder unter fließendem Wasser abwaschen.

▸ Ein fehlerhafter Farbauftrag kann nach dem Trocknen der Farbe mit einem Messer vorsichtig von Kerzen oder Wachsplatten abgeschabt werden.

▸ Unverdünnt aufgetragene Farbe kann im Pinsel klumpen. Daher zunächst die Farbe am Rand der Farbpalette abstreifen und den Pinsel von Zeit zu Zeit im Wasser mit Spülmittel reinigen.

▸ Wenn das Kerzenmotiv glänzen soll, dieses abschließend mit geeignetem Klarlack einsprühen.

Schön verpackt

MATERIAL

- quadratische Pappmachédose, 9 cm x 9 cm
- Acrylfarbe in Hautfarbe und Blau
- Gitternetz in Gold, 7,5 cm x 7,5 cm
- Schleifenband in Gold, 2,5 cm breit, 50 cm lang und 5 mm breit, 15 cm lang
- Netzband in Gold, 3 cm breit, 20 cm lang
- Tonkartonreste in Gold und Hautfarbe
- Wattekugel, ø 4 cm
- Feenhaar in Weiß

VORLAGE SEITE 156

ANLEITUNG

1 Wattekugel und Dose gemäß Abbildung bzw. Vorlage bemalen und die Tonkartonteile ausschneiden.

2 Gitternetz, Stern und Hände auf der Dose mit Heißkleber anbringen.

3 Feenhaar, Stirnband und Stern am Kopf des Engels werden ebenfalls mit Heißkleber festgeklebt.

4 Anschließend den gesamten Kopf am Deckel festkleben.

5 Der Kragen besteht aus dem Netzband. Er wird mit einem Faden mit kleinen Stichen auf einer langen Seite zusammengezogen und zwischen Kopf und Dose gebunden.

6 Nun kann die Dose mit dem Band und einer Schleife dekoriert werden.

Weihnachtswichtel

MATERIAL

- Fotokartonreste in Pink, Hautfarbe, Karminrot, Weiß und Orange
- Golddraht, ø 1 mm, 20 cm lang
- 6 Glöckchen in Gold, ø 1 cm
- Lackmalstift in Gold
- Buntstift in Schwarz

VORLAGE SEITE 157

ANLEITUNG

1 Die Papierteile ausschneiden (für den Schnurrbart die Vorlage auf einem geknickten Fotokartonrest am Falz anlegen und so ein doppeltes Teil ausschneiden) und mit Lackmalstiften die Zierkanten und Bartkringel aufmalen.

2 Die Beine werden aus weißem Fotokarton geschnitten und mit Buntstiften bemalt. Die Schleifen mit Lackmalstift gestalten.

3 Alle Teile gemäß Vorlage und Abbildung zusammenkleben. Sämtliche Bartteile vorsichtig etwas wölben, z. B. mit einem Bleistift. In die Hände Löcher einstechen und die zwei einzelnen Glöckchen bzw. die Glöckchenkette anbringen.

Weihnachtliche Tischdeko

MATERIAL PRO FIGUR

* Strohhut, ø 6,5 cm
* Strukturschnee oder Schneespray
* Stopfnadel

ZUSÄTZLICH RENTIER

* Watteei, 3,5 cm hoch
* 2 Halbperlen in Schwarz
* Strickschlauch in Gelb-Schwarz bzw. Rot-Grau geringelt, 1 cm breit, 15 cm lang
* Moosgummireste in Hellbraun und Schwarz sowie evtl. Rot, 2 mm stark
* Acrylfarbe in Weiß, Rehbraun und Schwarz sowie evtl. Rot, Gelb und Lindgrün
* evtl. Tontopf ø 6,5 cm
* Buntstift in Schwarz

SCHNEE-MANN-TONTOPF

* runder Terrakotta-Blumentopf, ø 7 cm
* Acrylfarbe in Weiß und Rot
* 2 Wattekugeln, ø 1,5 cm
* Zylinder in Schwarz, 2,5 cm hoch
* Stoffband in Blau-Weiß sowie evtl. Rot-Weiß kariert, 1 cm breit, 7 cm lang
* je 2 Halbperlen in Schwarz, ø 3 mm und ø 5 mm
* Fotokartonrest in Weiß
* FIMO® in Orange
* Wickeldraht in Schwarz, ø 0,5 mm, 3 cm lang
* Schaschlikstäbchen, 5 cm lang

VORLAGE SEITE 157

ANLEITUNG

Rentiere

1 Watteei und Strohhut rehbraun bemalen und nach Vorlage die Moosgummiteile ausschneiden.

2 Das Watteei auf den Strohhut kleben und die Moosgummiteile sowie die Halbperlen aufsetzen. Zum Einkleben des Geweihes und der Ohren mit einer Stopfnadel Löcher vorstechen. Mit etwas weißer Acrylfarbe die Bäckchen mit einem Schwämmchen aufwischen. Mit einem Filzstift die Gesichtszüge aufmalen.

3 Den Schal umbinden und den Hutrand mit Schneespray besprühen.

4a Für die Geschenkverpackung den Tontopf gemäß Abbildung bemalen und die Sterne nach dem Trocknen mit Buntstiften umrahmen. Den Schriftzug mit Acrylfarbe aufmalen.

4b Für den Serviettenring den Moosgummistreifen zusammenkleben und den Strohhut mit Heißkleber aufsetzen.

Schneemänner

1 Den Strohhut weiß bemalen und den Rand mit Strukturschnee betupfen.

2 Aus Draht nach Vorlage den Mund biegen, die Nasen aus FIMO® formen und nach Herstellerangabe im Backofen aushärten. Das Karoband als Hutband auf die Zylinder kleben. Das Gesicht mit den Halbperlen (ø 3 mm), der Nase und dem Mund gestalten. Die Bäckchen mit etwas roter Farbe aufmalen. Den Zylinder auf den Strohhut kleben. So verziert sieht das Motiv auf einer Weihnachtskarte prima aus (siehe Abbildung).

3 Die auf einer Seite flach abgeschnittenen Wattekugeln auf den Tontopf kleben (Loch in Wattekugel nach oben) und mit weißer Acrylfarbe grundieren sowie nach dem Trocknen zusätzlich mit Strukturschnee betupfen. Das Schild nach Vorlage ausschneiden, auf das Holzstäbchen kleben und in das Wattekugelloch stecken. Die großen Halbperlen als Knöpfe aufkleben.

Gingerbread

MATERIAL

- Fotokartonreste in Hellbraun, Rot, Grün und Beige
- Tonpapierrest in Weiß
- Papierdraht in Natur, ø 2 mm, 14 x 8 cm lang
- Satinband in Rot, 3 mm breit, 2 x 10 cm lang
- 3 Plüschpompons in Rot, ø 7 mm
- Paketschnur
- Plusterfarbe in Weiß und Rot
- Filzstift in Grün

VORLAGE SEITE 157

ANLEITUNG

1 Die Körperform des Jungen mit einem kleinen Herz bekleben. Alle weißen Randlinien mit Plusterfarbe anbringen und trocknen lassen.

2 Die Muster für die Mädchenkleider mit Filzstiften aufmalen, mit roter Plusterfarbe umranden, trocknen lassen, ausschneiden und aufkleben.

3 Die Gesichts- und Körperlinien mit Plusterfarbe auftragen, den Nasenpompon und die Papierdrahthaare aufsetzen. Diese werden um ein Schaschlikstäbchen gewickelt und die so entstandenen Locken etwas auseinandergezogen. Bei den Mädchen eine Haarschleife mittig darüberkleben, bei dem Buben die Haare an der Rückseite ankleben.

4 Die fertigen Köpfchen an die Körper kleben, beim Buben zuerst die Fliege unterlegen. Den Mädchen die Satinschleife aufkleben.

5 Alle Figuren seitlich lochen und auf eine Paketschnur fädeln. Zwischen den Figuren jeweils ein rotes Herz einschieben.

Geschenkanhänger aus Jute

MATERIAL PRO ANHÄNGER

- Jute in Grün oder Rot, 7 cm x 11 cm
- Tonkartonrest in Rot oder Grün
- Goldkordel, ø 1,5 mm, ca. 30 cm lang
- Satinband in Grün oder Rot, 3 mm breit, ca. 25 cm lang
- Glitter in Gold
- Glöckchen in Gold, ø 1 cm
- Alu-Bastelfolienrest in Rot oder Grün
- UHU Glitter Glue in Gold

VORLAGE SEITE 157

ANLEITUNG

1 Aus dem Tonkarton ein 6 cm x 10 cm großes Rechteck ausschneiden. Das Rechteck auf das entsprechende Jutestück kleben, dabei sollte der Jutestoff an den Rändern etwas überstehen.

2 Die Ränder mit etwas Klebstoff einstreichen, damit sie nicht ausfransen.

3 Die Rechtecke in der Mitte knicken. Die Vorderseite an den Rändern mit Glitter verzieren. Dafür die Ränder mit Klebstoff einstreichen und sofort den Glitter einstreuen.

4 Die Goldkordel um die Karte legen, dabei beide Kordelenden durch die Schelle ziehen und die Schelle durch einen Knoten sichern.

5 Aus Alu-Bastelfolie den Tannenbaum ausschneiden und mit UHU Glitter Glue umranden. Nach dem Trocknen auf den Geschenkanhänger kleben. Den Anhänger lochen und das Satinband als Aufhängeband hindurchfädeln.

Strohsterne

MATERIAL PRO STERN

* 6 mittlere Strohhalme (natur oder gebleicht), je 11 cm lang
* 6 breite Strohhalme (natur oder gebleicht), je 8 cm lang
* 12 Swarovski®-Kristall-Schliffperlen in Rot, ø 4 mm
* Nähfaden in Gold
* Bügeleisen
* Bügelunterlage
* Styroporblock oder Korkenscheibe
* Stecknadel

Einschnitte der Halmenden

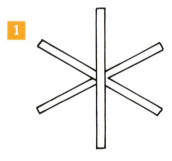

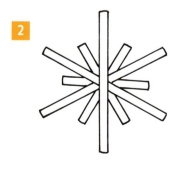

ANLEITUNG

1 Die Halme so lange in warmes Wasser legen (ca. 20 bis 30 Minuten), bis sie weich sind. Gebleichtes Stroh kann schneller weiterverarbeitet werden als Naturstroh.

2 Sind die Halme weich genug, werden sie mit einem Messer oder einer Schere vorsichtig aufgeschlitzt. Die Halme nun einzeln auf einem alten Bügeltuch oder einem Stapel Zeitungen auf der Halmrückseite vorsichtig bügeln.

3 Vor dem Binden die Halme nach gleicher Breite und Farbe ordnen. Die Sterne zum Binden grundsätzlich auf die Rückseite legen. Da das gebügelte Stroh sich leicht wölbt, ist es einfacher, den Stern auf der Rückseite zu binden. Zum Binden einen Styroporblock oder eine Korkenscheibe verwenden. Achtung: Bei leicht brüchigem Stroh oder aufwändigen Einschnitten an den Enden die Halme vor dem Binden auf der Rückseite mit Klebefilmstreifen fixieren. Dabei entweder den ganzen Halm oder auch nur die Spitzen hinterkleben und überstehende Ränder abschneiden.

4 Nun aus jeweils sechs gleich langen Halmen einen Sechserstern binden: Drei Halme so legen, dass sechs gleichschenklige Dreiecke entstehen (Abb. 1). Auf die Lücke die restlichen drei Halme auflegen und den Stern binden (Abb. 2): Den Stern in der Mitte mit einer Stecknadel fixieren, damit die Halme nicht verrutschen. Nun den Faden bzw. das Garn unter den Zeigefinger der Hand legen, die den Stern ebenfalls in der Mitte fixiert, und abwechselnd unter und über den einzelnen Strohhalmen entlangführen. Auf diese Weise zwei Sechsersterne herstellen.

5 Beide Sterne jetzt versetzt so aufeinanderlegen, dass der kleine Stern nach dem Binden oben liegt und miteinander verweben.

6 Ggf. auf einen separaten Faden zwölf Perlen fädeln und vorsichtig die letzte Runde nochmals versetzt umweben, d. h. jeweils auf einem langen Halm eine Perle platzieren, unter den kurzen Halmen durchweben und wieder auf einem langen Halm eine Perle anordnen. So fortfahren, bis alle Perlen aufgefädelt sind.

7 Vorsichtig den Faden auf der Rückseite zusammenknoten. Alle Halmenden der Zeichnung entsprechend einschneiden.

Variante

Sie können die langen Halme auch nur v-förmig einschneiden oder anstelle der aufgefädelten Perlen goldfarbene Wachsoliven auf jeden zweiten Halm kleben.

Tipps & Tricks

▸ Diese Strohsterne sehen am Baum auch ohne Kerzen und zusätzliche Deko-Elemente schön aus. Wenn Sie trotzdem nicht auf stimmungsvollen Lichterglanz verzichten wollen, wählen Sie echte Wachskerzen in klassischen, matten Farben. Achtung! Bitte immer auf genügend Abstand zwischen Kerzen und Strohsternen achten.

▸ Da die Strohsterne sehr filigran gearbeitet und empfindlich sind, sollten sie bis zum nächsten Fest besonders sorgfältig verpackt und gelagert werden; Legen Sie jeden Strohstern einzeln in ein gefaltetes Blatt Papier (A4) und anschließend „Schicht für Schicht" in einen stabilen Karton (z. B. großer Schuhkarton). Damit sich der Aufhängefaden nicht in den zarten Strohhalmen verheddert, diesen am besten mit etwas Klebefilm am Blatt fixieren.

Glitzernder Baumschmuck

MATERIAL

★ Chenilledraht in Glitzergrün, Glitzerrot, Glitzergold und Glitzersilber

VORLAGE SEITE 158

ANLEITUNG

1 Die Anhänger gemäß Vorlage biegen.

2 Den „Pelzrand" und Stiefel zusammenkleben. Alle Motive an einem Faden aufhängen.

Weihnachtsbaumkugeln

ANLEITUNG

Schneemannkugel

1 Den Schneemann gemäß Abbildung und Grundanleitung auf Seite 7 auf eine Trägerfolie malen.

2 Während des Trocknens die Kugelhälften verzieren: Einige Schneeflocken frei Hand direkt auf die Kugelhälften malen. Die Tannengirlande in ein 40 cm und ein 60 cm langes Stück teilen. Das Kugelinnere mit der 60 cm langen Girlande und den Flitterflocken füllen.

3 Die Schleife aus dem breiten Schleifenband legen und mit 30 cm goldenem Band in der Mitte zusammenbinden.

4 Den Schneemann direkt auf der Kugel anbringen und dann die restliche Tannengirlande mit Heißkleber fixieren. Als Aufhängung die restlichen 70 cm Schleifenband fixieren.

Nikolauskugel

1 Den Nikolaus gemäß Abbildung und Grundanleitung auf Seite 7 auf Windradfolie malen und nach dem Trocknen ausschneiden.

2 Die Schneeflocken mit dem Plusterstift direkt auf die Kugelhälften malen. Mit dem Plusterstift auch das Muster auf Bart und Mütze malen. Nicht aufplustern, nur trocknen lassen.

3 Die Mützenspitze des Nikolaus mit einer Nadel durchstechen, etwas Nähfaden hindurchziehen und das Motiv wie abgebildet in die Kugel hängen.

4 Die Kugelhälften schließen und mit der Kordel aufhängen.

MATERIAL SCHNEEMANNKUGEL

* teilbare Acrylkugel, ø 16 cm
* Windowcolor-Konturenfarbe in Schwarz und Eisflitter
* Windowcolor in Schwarz, Orange, Blau, Grün, Rot und Weiß
* künstliche Tannengirlande in Grün-Silber, 1 m lang
* Flitterflocken in Weiß irisierend
* Schleifenband in Weiß-Silber kariert, 10 cm breit, ca. 50 cm lang
* Schleifenband in Gold, 5 mm breit, ca. 1 m lang

NIKOLAUSKUGEL

* teilbare Acrylkugel, ø 12 cm
* Windowcolor-Konturenfarbe in Schwarz
* Windowcolor in Weiß, Rot und Hautfarbe
* Plusterstift in Weiß
* Satinkordel in Weiß, ca. 40 cm lang

VORLAGE SEITE 158

Caspar, Melchior und Balthasar

MATERIAL

- 3 Holzkochlöffel mit runder Kelle, 5 cm breit, 27,5 cm lang
- Tonkarton in Rot, Blau und Grün, A4
- Alu-Bastelkartonrest in Gold
- Acrylfarbe in Ocker, Hautfarbe und Braun
- 2 Rohholzperlen, ø 1,2 cm (mit dem Cutter halbieren)
- 6 Wackelaugen, ø 5 mm
- Zackenlitze in Gold, 5 mm breit, 2 x 9 cm und 3 x 14 cm breit
- Goldkordel, ø 0,8 mm
- Chenilledraht in Rot, Blau und Grün, 25 cm lang
- Puppenzopf in Schwarz
- 30 Baumwollfäden in Schwarz, ø 1 mm, 15 cm lang
- Papiertaschentuch (Turban)
- UHU Glitter Glue in Gold
- Metallfolie in Gold, 0,15 mm stark

VORLAGE
SEITE 158/159

ANLEITUNG

1 Die Kelle und ein Stück Stiel bemalen. Die Holzperle für die Nase halbieren und in der gleichen Farbe bemalen. Die Nase zusammen mit den Wackelaugen aufkleben. Den Mund und die Brauen aufzeichnen.

2 Für den blauen König vom Puppenhaarzopf ein 7 cm langes Stück abschneiden, auflockern und auf den Kopf kleben. Beim grünen König die Haare mit einem Faden in der Mitte als Scheitel zusammenbinden. Die Haare auf den Kopf kleben.

3 Die Kronen ausschneiden, um den Kopf biegen und mit Glitter Glue verzieren. Für den Turban das Papiertaschentuch zu einem ca. 2 cm breiten Band falten. Am Kopf von hinten erst das rote, mit Glitter Glue verzierte Turbanteil und die Ohren ankleben, dann das Taschentuchband um den Kopf wickeln und ankleben. Mit Glitter Glue goldene Punkte auftupfen.

4 Alle Gewänder haben denselben Schnitt, jedoch wird beim roten Gewand unten auf beiden Seiten jeweils ein weiteres Loch ausgestanzt. Die Gewänder mit aufgeklebten Litzen und Sternen verzieren, dann um den Löffelstiel legen und mit der Goldkordel zusammenbinden.

5 Den Chenilledraht für die Arme einmal um den Hals schlingen, verdrehen und auf die Enden jeweils eine ggf. grundierte Holzperle kleben. Das Gewand von unten ein wenig über die Arme schieben.

6 Den Heiligen Drei Königen nach Wunsch kleine Geschenke in die Arme klemmen.

Die Heiligen Drei Könige

MATERIAL

* Adhäsionsfolie, 44 cm x 31 cm
* Windowcolor-Konturenfarbe in Silber und Glittersilber
* Windowcolor in Weiß, Glittersilber, Perlmutt, Transparent und Frost
* Samtpuder in Weiß
* 5 Strasssteine in Transparent, ø 5 mm
* Mini-Glaskügelchen in Silber
* 5 Spiegel-Mosaiksteine, ca. 8 mm x 8 mm
* 7 Pailletten in Silber, ø 5 mm

VORLAGE SEITE 159

ANLEITUNG

1 Das Motiv auf die Adhäsionsfolie malen. Mini-Glaskügelchen, Pailletten und Mosaiksteine in die noch nasse Farbe streuen bzw. legen. Einige Verzierungen mit Konturenfarbe in Glittersilber aufmalen.

2 Nach dem Trocknen die Flächen, die mit Samtpuder verziert werden, nochmals ausmalen und dann den Samtpuder einstreuen. Ist alles gut getrocknet, das Motiv samt Folie ausschneiden und am Fenster dekorieren.

Weißer Winter

Mit den ersten Schneeflocken, die vom Himmel fallen, kehrt nicht nur in die Natur Ruhe ein, auch zu Hause machen wir es uns gemütlich. Doch mit dem glitzernden, watteweichen Schnee erwachen auch die Lebensgeister: Schlitten und Skier werden hervorgeholt, Scheemänner und -burgen gebaut – an vielen Orten herrscht geschäftiges Wintertreiben. Begrüßen Sie mit witzigen Holzfiguren, stimmungsvollen Fensterbildern sowie in frischem Weiß erstrahlenden Dekorationen die frostig-fröhliche Jahreszeit! Und auch wenn bei Ihnen kein Schnee liegt: Mit unseren Anregungen können Sie sich im Handumdrehen den Zauber eines weißen Winters in Ihr Zuhause holen!

Fröhliche Winterzeit

MATERIAL
EISBÄR

* Birkenscheibe, ca. 24 cm x 21 cm
* Sperrholzrest, 4 mm stark
* Acrylfarbe in Weiß, Bayrischblau und Dunkelblau
* Strukturschnee
* geglühter Draht, ø 0,9 mm, 45 cm lang
* Klarlack in Seidenmatt
* Bohrer, ø 2 mm und 6 mm

SCHNEEMANN

* Birkenscheibe, ca. 20 cm x 10 cm
* Acrylfarbe in Weiß, Olivgrün, Weinrot, Orange und Schwarz
* Strukturschnee
* Klebepads
* Klarlack in Seidenmatt
* Bohrer, ø 6 mm

KLEINER ANHÄNGER

* Astscheibe, ca. 9 cm x 6 cm
* Acrylfarbe in Weiß, Orange, Grau, Bayrischblau und Schwarz
* Strukturschnee
* Naturbast, 20 cm lang
* Klarlack in Seidenmatt
* Bohrer, ø 2 mm und 6 mm

VORLAGE SEITE 160

ANLEITUNG

Eisbär

1 Das Motiv auf die Birkenscheibe übertragen und aussägen (siehe Seite 8, Schritt 2). Den Stern aus Sperrholz aussägen. Die Ränder glätten.

2 Die Birkenscheibe und den Stern mit Bayrischblau und Weiß nass in nass grundieren. Nach dem Trocknen die Sternchen aufzeichnen. Den Eisbär in Weiß bemalen und am Boden den Strukturschnee auftragen. Mit Dunkelblau die Schrift auftragen und den Strukturschnee auf einige Buchstaben aufsetzen, als hätte es daraufgeschneit. Mit seidenmattem Klarlack versiegeln.

3 Am oberen Rand zwei Bohrungen, ø 2 mm, anbringen und den Stern ebenfalls durchbohren. Den Draht an einer Seite befestigen, über einen Bleistift oder Pinsel zur Spirale winden und etwas auseinander ziehen. Den Stern auffädeln, mit einer Drahtschlinge befestigen und das andere Drahtende am Schild festmachen.

Schneemann

1 Das Motiv auf die Birkenscheibe übertragen, aussägen und die Ränder glätten (siehe Seite 8).

2 Den Schneemann wie abgebildet bemalen. Mit Schwarz beschriften und mit Weiß Akzente setzen. Die Schneekristalle aufzeichnen und am Boden beim Schneemann Strukturschnee aufpinseln. Mit Klarlack versiegeln.

3 Das Schild mit Klebepads befestigen.

Kleiner Anhänger

1 Das Motiv auf die Astscheibe übertragen, aussägen und die Ränder glatt schleifen (siehe Seite 8).

2 Wie abgebildet bemalen. Auf den Hut Strukturschnee auftragen. Anschließend lackieren.

3 Am oberen Rand mittig ein Loch bohren (ø 2 mm). Als Aufhängung den Bast durchziehen und befestigen.

Weihnachten im ewigen Eis

MATERIAL

* Sperrholz, 8 mm stark, 65 cm x 70 cm
* Acrylfarbe in Gelb, Weiß, Hellgrau, Arktisblau, Schwarz, Hautfarbe, Rot, Grün, Mittelblau, Dunkelblau und Blauviolett
* Papierdraht in Natur, ø 2 mm, 10 cm lang
* 6 Schrauben, 2,5 mm x 20 mm
* Bohrer, ø 2 mm

VORLAGE SEITE 160

ANLEITUNG

1 Alle Motivteile (Iglu, Berg, Mond, Vorderteil, Pinguine, Flügel und Geschenk) von der Vorlage auf das Sperrholz übertragen. Für die Standfläche ein Rechteck (30 cm x 15 cm) aufzeichnen. Alles aussägen und in die Flügel der Pinguine und in das Geschenk die Löcher bohren (ø 2 mm). Die Ränder und Kanten mit Schleifpapier glätten.

2 Die Holzteile gemäß Abbildung bemalen. Die Eisbrocken des Iglus und den Berg mit hellgrauer Farbe schattieren. Etwas gelbe Farbe mit einem Schwamm auf den Berg auftupfen und die Sterne mit einem dünnen Pinsel aufmalen.

3 Bei der Laterne die Mitte erst grau grundieren, auf die trockene Farbe die Kerze aufmalen und den Kerzenschein mit verdünnter gelber Farbe um die Flamme malen. Zum Schluss die Querstreben der Laterne mit einem wasserfesten, schwarzen Stift darüberzeichnen. Die Gesichter der Pinguine und des Kindes mit schwarzem Filzstift ergänzen und die Wangen mit Buntstiftspänen röten. Alle Teile mit Klarlack versiegeln.

4 Die Flügel auf die Pinguine leimen. Das Geschenk auf den Papierdraht ziehen und die Enden des Drahtes in den Flügellöchern festleimen. Die Pinguine auf dem vorderen Teil, den Mond und das Iglu auf dem hinteren Teil mit Holzleim befestigen. Das Hinterteil mit vier Schrauben von unten, das Vorderteil mit zwei Schrauben von vorn im Winkel von 90° an die Standfläche schrauben.

Futterkrippe im Wald

MATERIAL

* Windowcolor-Konturenfarbe in Schwarz
* Windowcolor in Weiß, Arktisblau, Saftgrün, Zitronengelb, Gelb, Schwarz, Bernstein, Hellbraun und Mittelbraun

VORLAGE SEITE 161

ANLEITUNG

1 Das Motiv gemäß der Grundanleitung auf Seite 7 und nach Abbildung malen.

2 Die Schneeflächen weiß ausmalen. Mit Arktisblau entweder direkt in die weiße Farbe malen oder mit dem Zahnstocher Punkte und Linien auftragen. Das Blau stets nur in eine Richtung verziehen.

3 Ins Heu mit dem Zahnstocher Spuren von Grün und Bernstein tupfen und verziehen. Für die Tannen die weiße und grüne Farbe nass neben nass auftragen. Es können aber auch zunächst nur die grünen Flächen ausgemalt und später die weiße Farbe neben die angetrocknete, grüne Farbe gesetzt werden.

4 Für die Stämme und Äste die Brauntöne ebenfalls nass neben nass auftragen, wobei stets ein Braunton überwiegen sollte. Stellenweise mit dem dunkleren Braun auch Linien und Punkte auf das hellere Braun malen. Mit dem Zahnstocher die Farben zu den Astspitzen hinziehen. Schwarze Farbe nur in Spuren in das Braun tupfen und verziehen.

5 Die Tieraugen zum Schluss auftupfen, jeweils einen kleinen weißen Lichtreflex aufsetzen.

Drei Schneemänner

MATERIAL

* Windowcolor-Konturenfarbe in Weiß
* Windowcolor in Weiß und Kristallklar
* Iris-Flitter
* Flitter in Grün und Silber
* Prospekthülle als Malfolie
* Holz-Schaschlikstäbchen

VORLAGE SEITE 167

ANLEITUNG

1 Die Kontur mit weißer Konturenfarbe aufmalen. Bei den Zweigen die Konturenfarbe mit einem zu einem Spachtel geschnitzten Schaschlikstäbchen so nach außen ziehen, dass das Zweigmuster entsteht.

2 Für die Augen Kreise mit Konturenfarbe malen und nach dem Trocknen zusätzlich Punkte aus Konturenfarbe aufsetzen. Am Hutrand, den Wangen, beim Vogel und in den Bäuchen, Armen und Füßen mit einem Pinsel Schattierungen mit weißer Windowcolor-Farbe auftragen.

3 Nach dem Trocknen Kristallklar auf die Tannenzweige, die Knöpfe und die Mützen- bzw. Huträndern auftragen. In die Tannenzweige grünen Flitter, in die Knöpfe silbernen und in die Mützen- bzw. Huträndern Iris-Flitter einstreuen. Nach dem Trocknen die Flitterreste entfernen und das Motiv mit Kristallklar übermalen.

Schlaf, Schneemann, schlaf!

MATERIAL

- Sperrholzrest, 4 mm stark
- Sperrholz, 1 cm stark, 35 cm x 30 cm (inkl. Material für zwei kleine Standteile)
- Acrylfarbe in Weiß, Mittelgelb, Karminrot, Antikblau, Antikgrün und Schwarz
- Krakelierlack
- Bindedraht, ø 0,35 mm und 0,65 mm
- Stoffstück, ca. 22 cm x 1,5 cm
- Bohrer, ø 1,5 mm

VORLAGE SEITE 161

ANLEITUNG

1 Den Schneemann und beide kleine Standteile aus dem dicken und die Nase, den Stern und das Blatt aus dem dünnen Sperrholz aussägen.

2 Alle Teile antikblau grundieren und trocknen lassen. Nun alle Teile mit Krakelierlack einstreichen. Nach dem Trocknen alle Motive wie abgebildet bemalen. Dabei bildet die oberste Farbschicht feine Risse und die antikblaue Grundierung schimmert dekorativ hervor.

3 Die Nase und das Blatt ankleben. Den Stern durchbohren. Von der Rückseite ein Stück dünnen Draht durch die mittleren Löcher stecken, verzwirbeln und die Enden mithilfe eines Rundholzstäbchens zu Locken drehen. In die Hand des Schneemanns seitlich ein Loch bohren, den dickeren Bindedraht, an dem der Stern befestigt ist, hineinstecken und mit etwas Klebstoff fixieren. Das Stoffstück mittig mit dünnem Draht umwickeln und an der Mütze festkleben.

4 Zuletzt die beiden Standteile auf der Rückseite der Figur ankleben.

Deko-Schlitten

MATERIAL

- Pappelsperrholz, 1,2 cm stark, 82 cm x 68 cm
- Rundholz, ø 1,5 cm, 65 cm lang
- Acrylfarbe in Olivgrün, Arktisblau, Weiß, Rot, Hautfarbe, Braun, Ocker, Blau und Schwarz
- Plusterfarbe in Weiß
- Seil in Natur, ø 2 mm, 14 cm lang
- 2 Glöckchen in Gold, ø 1,5 cm
- 6 Senkkopfschrauben, 3 mm x 20 mm
- Klarlack
- Bohrer, ø 2 mm

VORLAGE SEITE 162

ANLEITUNG

1 Alle Sperrholzteile aussägen. Die Kufen um 41 cm verlängern, dabei nach 12,5 cm nochmals eine seitliche Erhöhung zum Anbringen des Sternes aussägen (siehe Vorlage). Eine Bohrung an der Kufe (ø 2 mm) anbringen, dann schleifen.

2 Das Rundholz in drei 22 cm lange Teile sägen und ca. 4,5 cm vom unteren Rand der Kufen entfernt mit einer Schraube im 90°-Winkel befestigen. Die andere Kufe dagegenschrauben. Mit brauner Farbe bemalen und trocknen lassen. Die Glöckchen an das Seil binden, dieses durch die Bohrung ziehen und verknoten.

3 Den Stern und den Bogen arktisfarben grundieren. Dann bemalen, dabei mit etwas verdünnter Farbe die Flächen und nach dem Trocknen mit unverdünnter Farbe die Konturen nochmals nachmalen. Die Tannen mit weißer, den Bart mit brauner und den Bär mit ockerfarbener Acrylfarbe schattieren. Die Gesichter mit wasserfesten Filzstiften aufmalen, die Wangen mit roten Buntstiftspänen färben. Gemäß der Abbildung Plusterfarbe auftragen.

4 Nach dem Trocknen die Einzelteile lackieren und dann leimen.

Windlichter

MATERIAL

* Fotokarton in Weiß, A3
* Transparentpapier in Weiß, A3
* Blanko-Bierfilz in Weiß, ø 10,5 cm

**VORLAGE
SEITE 170**

ANLEITUNG

1 Die filigranen Motive auf das Papier übertragen und mit Schere und Cutter ausschneiden. An den gepunkteten Linien knicken, diese dazu mithilfe von Schere und Lineal leicht anritzen.

2 Die einzelnen Windlichter auf der Rückseite mit Transparentpapier bekleben. Beim kreisrunden Sternenwindlicht den Zackenrand unter dem Boden des Bierfilzes fixieren. Die senkrechten Papierkanten werden überlappt.

Leuchtender Treppenschmuck

MATERIAL GIRLANDE

* Tannengirlande, 2 m lang
* Metallprägefolie in Gold, 2 x A4
* Bindedraht in Gold

WINDLICHTER

* 5 Einmachgläser, ø 11 cm, ca. 14 cm hoch
* Metallprägefolie in Gold, 3 x A4
* Kordel in Gold, ø 3 mm, 2,50 m lang
* Bast in Natur
* Sand in Natur
* 5 Kerzen in Creme, ø 5 cm, 7,5 cm hoch

VORLAGE SEITE 161

ANLEITUNG

Girlande

Die Motive prägen (siehe Seite 9) und ausschneiden. Mit einem Cutter kleine Löcher einstechen, Draht durch diese ziehen, dann an die Girlande hängen.

Windlichter

1 Die Motive prägen (siehe Seite 9), ausschneiden und mit Alleskleber auf den Gläsern befestigen.

2 Kordel und Bast in fünf 50 cm lange Stücke teilen und um die Gläser binden. Die Gläser mit Sand füllen und die Kerzen hineinstellen.

Schneemänner

MATERIAL

- 2 gerade Äste, ca. 45 cm lang
- Taschenband in Weiß mit 2 Taschen, 13 cm breit, 52 cm lang
- Balsaholzrest, 2 mm stark
- 10 Holzperlen in Rot, ø 1 cm
- 10 Holzperlen in Weiß, ø 8 mm
- Satinband in Weiß, 3 mm breit, 2 m lang
- Satinband in Rot, 3 mm breit, 1,60 m lang
- Knotenband in Weiß, ø 1 cm, 1,60 m lang
- Holzperlen in Rot, 1 x ø 6 mm (groß) und 5 x ø 4 mm (mittel und klein)
- Band in Rot-Weiß kariert, 1 cm breit, 1 x 25 cm (groß), 3 x 15 cm (mittel) und 1,20 m lang
- Band in Rot-Weiß kariert, 5 mm breit, 10 cm lang (klein)
- geglühter Draht, ø 0,5 mm
- Nylonfaden
- Acrylfarbe in Dunkelgrau
- Strukturschnee
- Wattekugeln, 1 x ø 4 cm und 1 x 5 cm (groß), 3 x ø 2,5 cm und 3 x 3 cm (mittel), 2 x ø 1,2 cm und 2 x 2 cm (klein)
- Zylinderhüte, 1 x ø 5,5 cm (groß), 3 x ø 4 cm (mittel) und 2 x ø 2 cm (klein)
- Dekosand in Weiß
- dünnes Rebenbündel, ca. 15 cm lang
- 2 Wackelaugen, ø 5 mm (groß)

VORLAGE SEITE 160

ANLEITUNG

1 Für die Schneemänner die Wattekugeln mit Strukturschnee verzieren. Zusammengehörende Kugeln mit Heißkleber aufeinanderkleben. Für die Aufhängung mit einer spitzen Nadel zwei Löcher in den Hut stechen. Die Enden eines ca. 10 cm langen Nylonfadens von oben durchstecken und innen verknoten. Den Hut mit Heißkleber auf den Schneemann kleben, die Holzperlen als Nase aufkleben und die Augen mit Filzstift aufmalen. Beim großen Schneemann die Wackelaugen aufkleben. Das jeweilige Karoband als Schal um den Hals des Schneemanns wickeln.

2 Je einen kleinen Schneemann an 50 cm Draht befestigen und zweimal eine rote und eine weiße Perle abwechselnd dazufädeln, die Zwischenräume zu Spiralen drehen. Je einen mittelgroßen Schneemann an 60 cm Draht befestigen und dreimal eine rote und eine weiße Perle abwechselnd dazufädeln, wieder die Zwischenräume zu Spiralen drehen.

3 40 cm weißes Satinband als Aufhängung am Ast befestigen. Das Taschenband mit Heißkleber festkleben, ggf. mit Wäscheklammern fixieren. Die Klebestelle auf die Rückseite drehen. Die Schneemannketten an die Äste knoten.

4 Die restlichen 1,60 m weißes, das rote Satinband und das Knotenband teilen. Jeweils die drei 80 cm langen Bänder zusammen an die Äste knoten. Aus je 60 cm Karoband eine Schleife binden und mit Heißkleber auf die angeknoteten Bänder kleben.

5 Zwei Skier aus Balsaholz gemäß Vorlage ausschneiden und grau anmalen. Das Taschenband mit Dekosand, Skiern, einem großen und einem mittelgroßen Schneemann sowie dem Rebenbündel füllen.

Hinweis

In der Materialliste bezieht sich die Angabe groß, mittel und klein auf die Schneemänner, die aus dem Material gebastelt werden.

Eisbärenfamilie

MATERIAL PRO EISBÄR

* 2 Tonpapierstreifen in Weiß, je 2 cm bzw. 2,5 cm breit, 40 cm lang (8 Zacken) (stehende Bären)
* 2 Tonpapierstreifen in Weiß, je 2 cm breit, 26 cm lang (6 Zacken) (sitzender Bär)
* Fotokartonrest in Weiß und ggf. Blau
* ggf. Lackmalstift in Blau
* 4 Holzperlen in Weiß, ø 1,2 cm
* Dekokordel in Weiß, ø 2 mm, 2 x 10 cm lang (sitzender Bär)
* Papierdraht in Weiß, ø 2 mm, 2 x 8 cm lang
* 5 Abstandsklebepads, je 5 mm x 5 mm

VORLAGE SEITE 163

ANLEITUNG

1 Kopf- und Halsteile nach Vorlage ausschneiden, Mund und Nase auf das runde Schnauzenteil malen. Die Schnauze mit einem Klebepad am Kopf befestigen. Die Augen und die Ohrlinien mit schwarzem Filzstift aufmalen.

2 Für den stehenden Bären mit den beiden verschieden breiten Papierstreifen gemäß Anleitung auf Seite 7 eine Hexentreppe mit acht Zacken falten. Die beiden Papierdrahtstücke jeweils zu einem U biegen und als Beine zwischen die beiden ersten und die beiden letzten Zacken der Hexentreppe kleben. Auf die Drahtenden jeweils eine weiße Holzperle kleben. Die überstehenden Drahtenden abschneiden.

3 Vorn am Rumpf das an der gestrichelten Linie geknickte Halsteil so ankleben, dass die gepunktete Fläche den ersten Faltabschnitt der Hexentreppe verdeckt. An dem oben überstehenden Quadrat den Kopf mit vier Klebepads befestigen.

4 Für den sitzenden Bären aus den beiden Papierstreifen eine Hexentreppe mit sechs Zacken falten. Am unteren Ende der Hexentreppe die Mitte der Dekokordel ankleben. Damit diese besser hält, noch ein weißes Papierquadrat (2 cm x 2 cm) aufkleben. Am oberen Ende die zweite Kordel ankleben und das mittig gefaltete Halsteil mit der gepunkteten Fläche so aufkleben, dass das Papierquadrat nach vorn übersteht. Es wird als Hals nach oben geklappt, daran den Kopf mit vier Klebepads befestigen. Auf die Kordelenden als Tatzen jeweils eine Holzperle kleben.

Tipp: Mit den Schildern sind die Bären ideale Botschafter und eignen sich als kleine Mitbringsel in der Winterzeit oder als Verzierung von Geschenken. Mit dem passenden Spruch wird dem oder der Beschenkten sicher gleich „warm ums Herz".

Grüße vom Nordpol

MATERIAL
PINGUINKETTE
- Fotokarton in Schwarz und Weiß, A4
- Fotokartonreste in Californiablau, Meergrün, Gelb, Orange und Helllila
- Gelstift in Weiß

SCHNEEMANNKETTE
- Fotokarton in Weiß, A3
- Fotokartonreste in Schwarz, Rot, Meergrün, Azurblau, Lila, Braun und Orange
- Gelstift in Weiß

VORLAGE SEITE 163

ANLEITUNG

Pinguinkette

1 Die benötigten Einzelteile für die Vorder- und Rückseiten ausschneiden. Die Gesichter aufmalen. Die Wangen mit einem Buntstift röten. Mit dem Gelstift das Muster auf die Herzen malen. Die Flickennähte später ergänzen.

2 Vorn jeweils das Gesichtsteil, den Schnabel, das Bauchteil und das Fußpaar aufkleben. Auf der Rückseite die Mützenteile und das Herz fixieren. Den weißen Schlitz aufkleben.

3 Die Pinguine und den Eiskristall mit Nadel und Faden zur Kette verbinden.

Schneemannkette

1 Die benötigten Einzelteile für die Vorder- und Rückseiten ausschneiden. Gesichter, Innenlinien und Punktmuster aufmalen. Die Wangen mit einem Buntstift rot färben. Die Flickennähte später mit schwarzem Filzstift ergänzen.

2 Vorn jeweils die gepunktete Krawatte und die Nase aufkleben. Zwischen den linken Hand- und Armteilen den Zweig anbringen. Auf beiden Seiten die Schleifenteile deckungsgleich fixieren.

3 Am Hinterkopf den Hut aufkleben. Vorn und hinten das Hutband anbringen. Den Flicken ergänzen. Die fertigen Schneemänner und den Eiskristall mit Nadel und Faden zur Kette verbinden.

Tipp: Der Körper des Schneemanns wird doppelt gearbeitet, da das weiße Papier ansonsten am Fenster durchscheinend ist.

Schneezauber

MATERIAL

* Windowcolor-Konturenfarbe in Silber
* Windowcolor in Weiß, Silber, Rubinrot, Pariserblau und Frostblau
* Streuflitter in Silber
* Alu-Sternchen in Silber, ø 5 mm
* Pinzette

VORLAGE SEITE 172

ANLEITUNG

1 Das Motiv gemäß Abbildung und Grundanleitung auf Seite 7 malen: Mit den weißen Dächern beginnen und den Flitter aufstreuen.

2 Achtung: Windowcolor in Silber bildet beim Farbauftrag Schlieren. Wenn die Farbe getrocknet ist, kann man genau sehen, ob die Farbe z. B. in kreisenden Bewegungen aufgetragen wurde. Diesen Effekt können Sie sich zunutze machen, indem Sie diesen gezielt bei der Bildgestaltung einsetzen. Neben einer spiralförmigen Bewegung vom Rand zur Mitte hin lässt sich auch durch Ziehen kurzer und längerer Striche sowie strahlenförmiges Verziehen von innen nach außen eine interessante Optik erzielen.

3 Die Farbe antrocknen lassen, dann den Flitter aus den leeren Feldern entfernen. Nun die restlichen Flächen ausmalen. Die Silbersternchen mit der Pinzette einzeln auf den blauen Flächen anordnen.

Im Winterwald

MATERIAL SCHNEEMÄNNER

* Chenilledraht in Weiß und Schwarz
* 4 Holzperlen in Schwarz, ø 6 mm
* Weinkorken, geschnitten auf 2 cm Länge
* je 2 Holzkugeln in Natur, ø 3 cm, 3,5 cm und 4 cm
* 2 Deko-Möhren, ca. 2 cm lang
* Tonkartonrest in Schwarz

MOND- UND STERNENSTECKER

* Chenilledraht in Gelb
* Schaschlikstäbe

VORLAGE SEITE 144

ANLEITUNG

Schneemänner

1 Die Kugeln aufeinanderkleben und sie dann mit weißem Chenilledraht gemäß der Abbildung umwickeln.

2 Den Weinkorken mit Chenilledraht umkleiden und ihn auf die Hutkrempe aus Tonkarton kleben. Die gesamte Hutkrempe mit Chenilledraht umwickeln und den Hut auf den Kopf kleben. Die Möhren und Perlen zuletzt anbringen.

Mond- und Sternenstecker

1 Den Chenilledraht gemäß der Vorlagen formen.

2 Die Enden zusammenkleben und an einen Schaschlikspieß kleben.

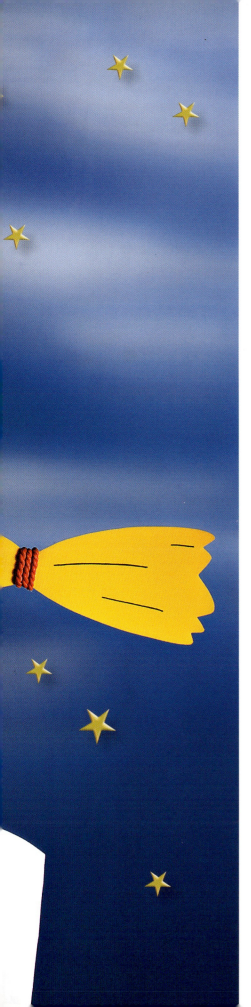

Schneemann und Mäuse

MATERIAL

* Fotokarton in Weiß, A3
* Fotokarton in Dunkelbraun, A4
* Fotokartonreste in Rot, Schwarz, Hellgrau, Ockergelb, Hellgrün, Grün, Orange und Rosa
* Tonpapierrest in Hellrosa
* Filzreste in Hellblau, Dunkelblau und Violett
* Kordel in Rot, ø 3 mm, 15 cm lang
* 3 Pompons in Rot, ø 7 mm
* 2 Knöpfe in Schwarz, ø 1,2 cm

VORLAGE SEITE 171

ANLEITUNG

1 Dem Schneemann seine schwarzen Augen mit den ausgesparten Lichtpunkten, den Mund und die roten Wangen aufmalen. Die Karottennase aufkleben. Den Hut der Linie entlang mit einem Cutter einschneiden und auf den Kopf schieben. Ein graues Hutband und zwei Tonkartonblätter mit aufgeklebten Pompons schmücken ihn.

2 Die schwarze Ärmellinie ca. 2 cm aufschneiden und dort den Besenstiel aus festem Tonkarton durchschieben und dahinter fixieren. Dann am Stiel den ockergelben Besen ankleben und mit einer roten Kordel umwickeln. Dem Schneemann noch einen roten Schal umbinden und zwei Knöpfe aufkleben.

3 Die mit Filzstift bemalten Mäuseköpfchen haben ein rosa Innenohr aus Tonpapier, das nur zum Teil fixiert und leicht nach vorn gebogen wird, und einen bunten Filzschal um den Hals geschlungen. Auf der Kleidung befestigen.

4 Füße und Arme hinter die Kleidungsstücke kleben, die zum Teil aus Filz sind. Die Filzteile vor dem Ausschneiden mit einem Klebestift auf Fotokarton kleben, so sind sie stabiler.

5 Das Mäusemädchen mit einem Fuß hinter dem Arm des Schneemanns und mit einer Hand hinter der Karottennase fixieren. Den Jungen mit der Hose an den Besenstiel kleben.

Dekorierter Zapfen

MATERIAL

* gebleichter Zapfen (Pinus Maritima), 12 cm lang
* gebleichter Sisalstern, ⌀ 25 cm
* 2 Zimtstangen, je 20 cm lang
* künstliche Christrose mit offener Blüte, Knospe und Blatt
* 3 künstliche, gefrostete Efeublätter
* 2 Wildapfelfrüchte in Naturweiß
* 5 Wachsperlen in Creme, ⌀ 1,5 cm
* 2 künstliche Hortensienblüten in Weiß
* 2 Ähren
* Wickeldraht in Gold, ⌀ 2 mm, 2 m lang

ANLEITUNG

1 Als Aufhängung für den Zapfen den Wickeldraht zweimal an der breiten Seite des Zapfens durch dessen Schuppen schlingen und an der gegenüberliegenden Stelle die beiden Enden heraus- und dann zusammenführen und miteinander verschlingen.

2 Den Stern leicht schräg auf die breite Seite des Zapfens kleben und die Perlen auffädeln. Den Stern optisch in drei Teile unterteilen und zwei Efeublätter und das Christrosenblatt gegeneinander in je ein Drittel kleben. Mittig die Zimtstange über Kreuz aufkleben. Die offene Christrosenblüte und die Knospe sich gegenüberliegend an den Zimtstangen fixieren. Dazwischen die Hortensienblüten, die Wildapfelfrüchte und die Ähren einfügen. Auf diesen Mittelpunkt das dritte Efeublatt kleben.

Himmlische Musikanten

MATERIAL
* Fotokarton in Weiß, A3

VORLAGE SEITE 166

ANLEITUNG

1 Die filigranen Motive ausschneiden. Zuerst die feinen Innenlinien und das Sternenmuster in den Kleidern mit einem Bastelmesser auf einer geeigneten Schneideunterlage ausschneiden.

2 Anschließend die Außenkonturen nachschneiden. Für Rundungen eignet sich eine gebogene Nagelschere gut, für lange gerade Schnitte ein Cutter.

Windlichter

MATERIAL
SCHNEEMANN
* Transparentpapier in Weiß, A3
* Tonpapierrest in Blau
* Teelicht, kleines Glas

WINTERLANDSCHAFT
* Tonkarton in Blau, A3
* Transparentpapier in Weiß, 11 cm x 12 cm
* Tonpapierrest in Weiß
* Teelicht, kleines Glas

VORLAGE SEITE 162

ANLEITUNG

Schneemann

1 Das Transparentpapier gemäß Vorlage ausschneiden.

2 Den Scherenschnitt mit dem Cutter arbeiten und aufkleben.

3 Das Windlicht auf der Rückseite zusammenkleben und ein Teelicht in einem kleinen Glas hineinstellen.

Winterlandschaft

1 Den Tonkarton auf 11 cm x 33 cm zuschneiden und falten. Die Bildmitte ist 12 cm breit, d. h. an jeder Seite werden 11,5 cm abgeknickt, davon 5 mm für das Zusammenkleben (siehe Vorlage).

2 Mit Hilfe des Geo®-Dreiecks ein Passepartout mit einer Breite von 1,5 cm schneiden und mit Transparentpapier hinterkleben.

3 Den Scherenschnitt mit dem Cutter arbeiten und aufkleben.

4 Das Windlicht auf der Rückseite zusammenkleben und ein Teelicht in einem kleinen Glas hineinstellen.

Hinweis

Die Windlichter nicht unbeaufsichtigt brennen lassen!

Coole Freunde

MATERIAL

- Fichtenleimholz, 1,8 cm stark, 75 cm x 40 cm
- Sperrholzrest, 4 mm stark
- Acrylfarbe in Weiß, Schwarz, Orange, Rot, Violett, Gelb, Braun und Lavendel
- Strukturschnee
- Wattestäbchen
- ggf. Holzmalstift in Schwarz
- Klarlack

VORLAGE SEITE 144

ANLEITUNG

1 Die Grundform aus Leimholz, die aufgesetzten Motivteile und die Schneeflocken aus Sperrholz aussägen. Alle Einzelteile glatt schleifen, weiß grundieren und mit Schleifpapier nochmals glätten.

2 Die Holzteile gemäß Abbildung bemalen und nach dem Trocknen der Farbe die Gesichter aufmalen. Die orangefarbenen Wangen mit dem Wattestäbchen aufmalen.

3 Das Schild mithilfe eines Schaschlikstäbchens oder eines Holzmalstiftes beschriften. Die Motivteile und die mit Strukturschnee verzierten Schneeflocken aufkleben. Neben Bär und Pinguin das Schild mit etwas Strukturschnee gestalten. Das Willkommensschild mit wetterfestem Klarlack besprühen.

Kecke Rentiere

MATERIAL PRO RENTIER

* Wäscheklammer, 7,5 cm lang
* evtl. Mini-Wäscheklammer, 2,5 cm lang
* Fotokartonreste in Grau, Beige, Rot und Grün
* Acrylfarbe in Rot oder Grün
* Strukturschnee
* 2 Wackelaugen, ø 5 mm
* Pompon in Rot, ø 1,5 cm
* evtl. geglühter Blumendraht, ø 0,35 mm, 20 cm oder 40 cm lang

VORLAGE SEITE 172

ANLEITUNG

1 Die Klammer bemalen. Die Einzelteile aus Fotokarton zuschneiden.

2 Am Kopf von hinten das Geweih und von vorn die Nase, die Wackelaugen und die Ohrinnenflächen ankleben. Evtl. mit einer kleinen Wäscheklammer einen Stern am Schild befestigen.

3 Den Kopf auf die Wäscheklammer kleben. Mit dem Borstenpinsel etwas Strukturschnee am Geweih und am Schild abstreifen.

4 Für die Sternenkette die Sterne mit der Vorstechnadel lochen, einen Stern aufziehen, den Draht einmal verdrehen, dreimal um ein Schaschlikstäbchen wickeln, abstreifen, etwas dehnen und den nächsten Stern auffädeln etc. Die Sternenkette am Geweih andrahten.

5 Für das Halsschild den langen Draht halb durch die Klammerspirale ziehen, zweimal verdrehen und die Enden um ein Schaschlikstäbchen wickeln, abstreifen, dehnen und an dem mit der Vorstechnadel gelochten Schild einhängen.

Ski-Hase

MATERIAL

* Glas, ø 8,5 cm (Deckel), 12 cm hoch
* Styroporkugel, ø 8 cm
* Strukturpaste in Weiß
* Acrylfarbe in Hellblau, Purpurrosa, Weiß und Schwarz
* Fotokartonreste in Weiß, Rosa und Lila
* Regenbogen-Fotokartonrest in Gelbverlauf
* Bastelfilz in Hellblau, 3 cm x 30 cm
* Chenilledraht in Weiß, 20 cm lang, und Rest in Lila
* 2 Holzhände, 3 cm lang
* Adhäsionsfolienrest
* Motivlocher: Schneeflocke
* 2 Schaschlikstäbchen, 14 cm lang
* Socke in Blau gestreift

VORLAGE
SEITE 165

ANLEITUNG

1 Aus Adhäsionsfolie sechs Schneeflocken ausstanzen und auf dem Glas verteilt fixieren. Kopf, Glasdeckel und Glas mit Strukturpaste überziehen. Nach dem Trocknen die Foliensticker mithilfe einer Zirkelspitze lösen und entfernen.

2 Den Kopf auf den Deckel kleben und das Gesicht mit Acrylfarbe gestalten. Die Papiernase aufkleben. Die Ohrteile zusammenkleben, fixieren und die abgeschnittene und oben mit Chenilledraht zusammengebundene Socke als Mütze darüber ziehen.

3 Den Chenilledraht hinter dem Kopf auf dem Deckel festkleben und an die Enden die bemalten Holzhände kleben. Die Punkte mit einem Schaschlikstäbchen aufsetzen. Die Skistöcke festkleben. Auf jeden eine Papierscheibe (ø 2 cm) stecken.

4 Die Füße auf die Skier kleben, den lila Papierstreifen darüber setzen und auf der Unterseite festkleben. Am Glasboden fixieren. Den Schal umbinden und an den Enden einschneiden.

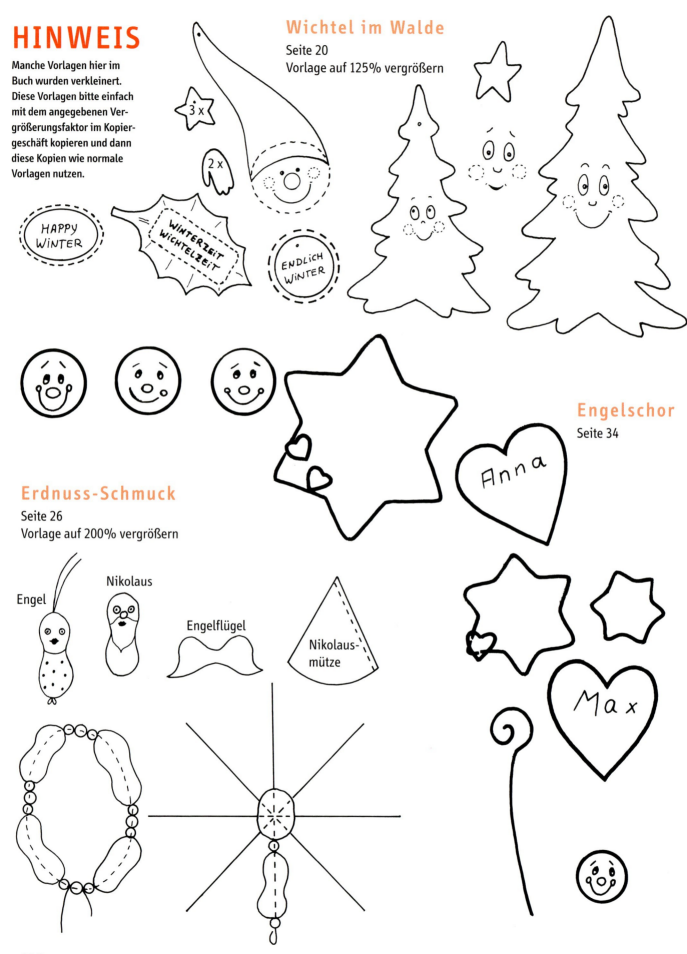

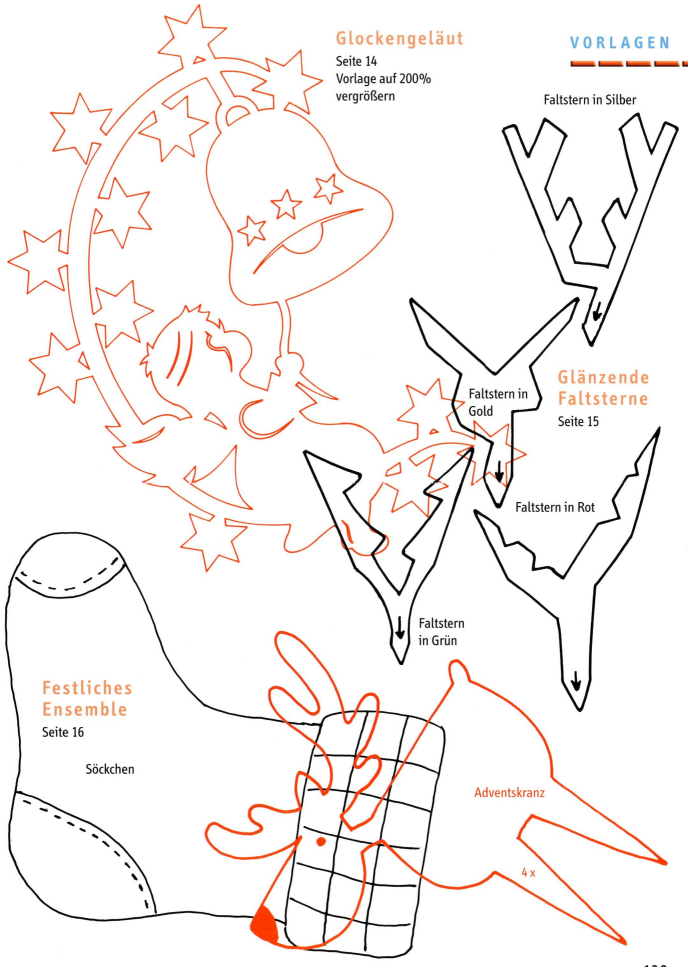

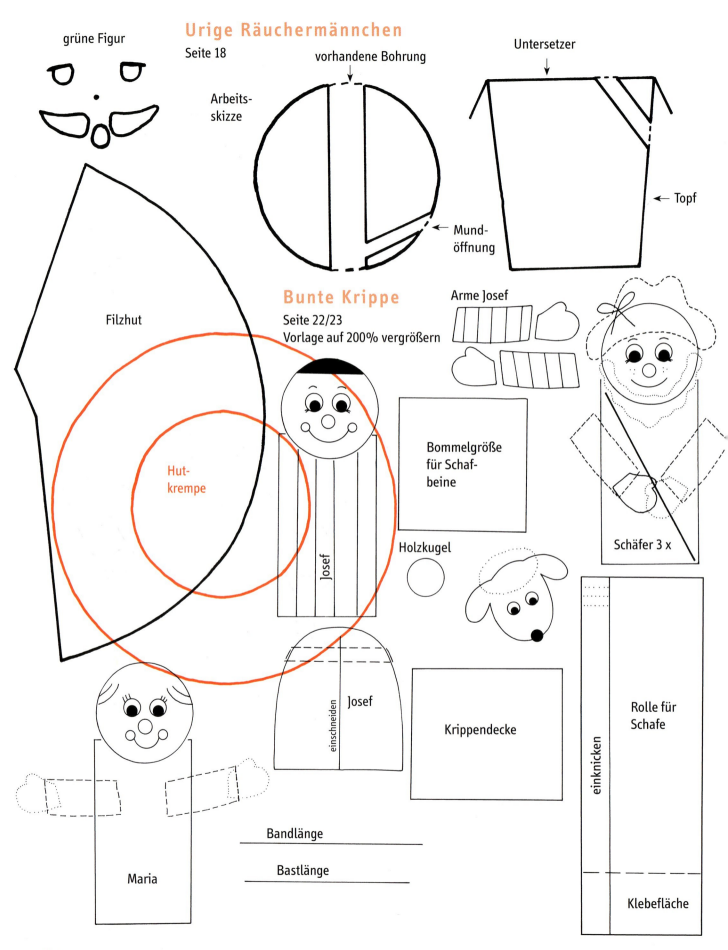

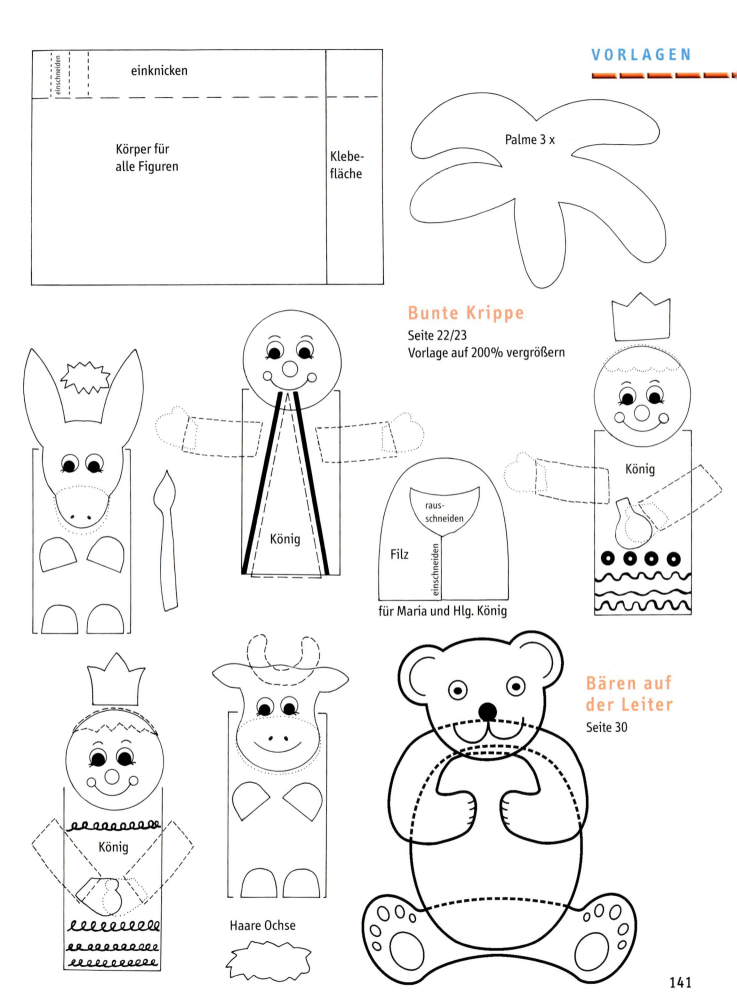

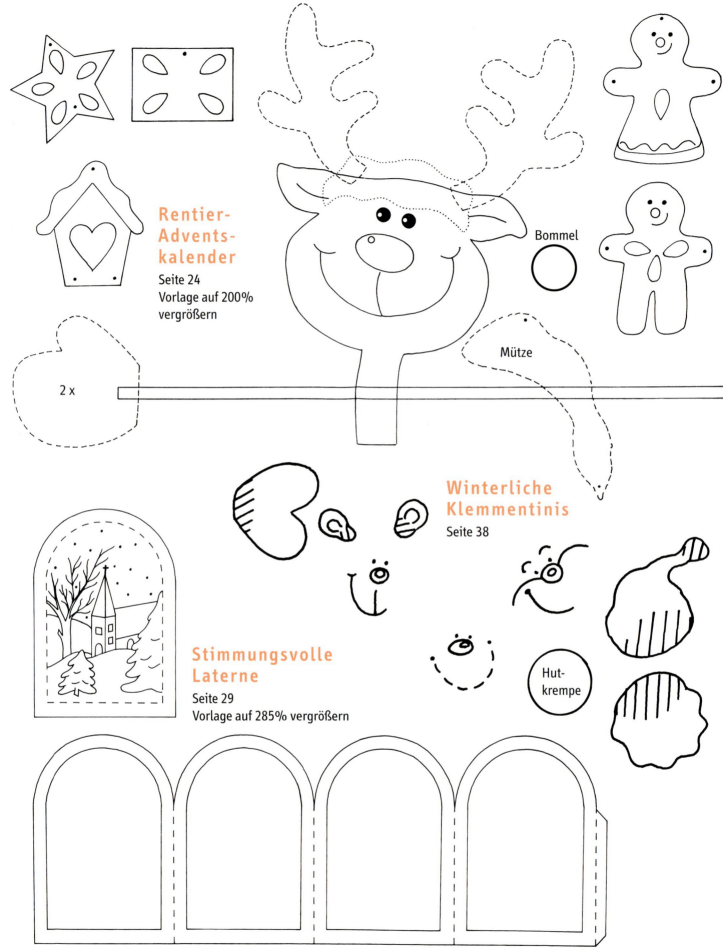

Rentier-Adventskalender
Seite 24
Vorlage auf 200% vergrößern

Bommel

Mütze

Winterliche Klemmentinis
Seite 38

Stimmungsvolle Laterne
Seite 29
Vorlage auf 285% vergrößern

Hut-krempe

Grundgerüst aus Tonpapier

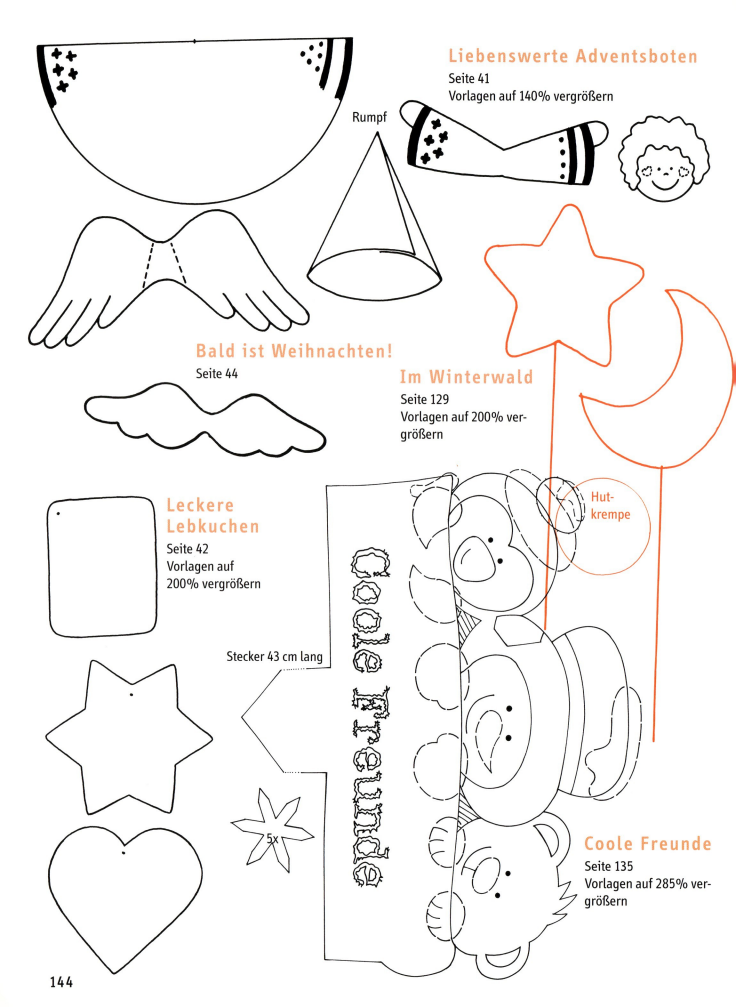

VORLAGEN

Geflochtene Herzen
Seite 43
Vorlagen auf 140% vergrößern

Bunter Schneespaß
Seite 46
Vorlagen auf 200% vergrößern

Schaukelpferdchen
Seite 47
Vorlagen auf 140% vergrößern

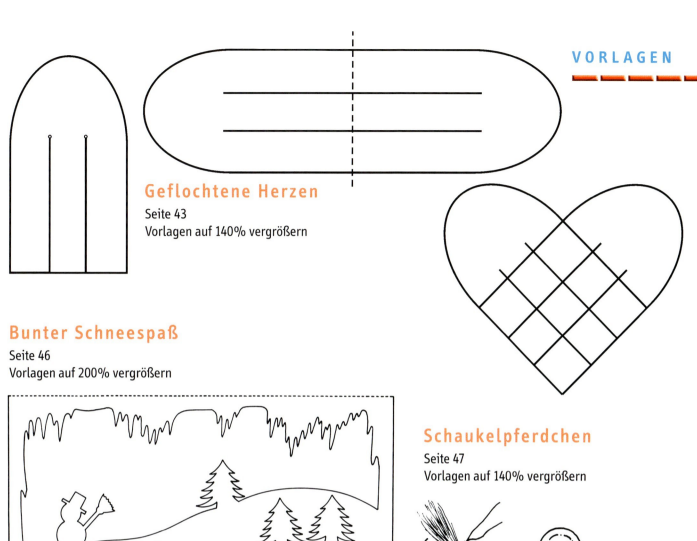

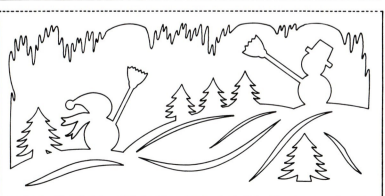
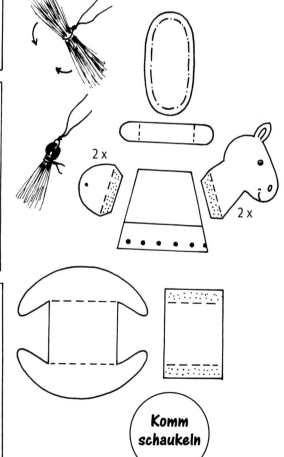

145

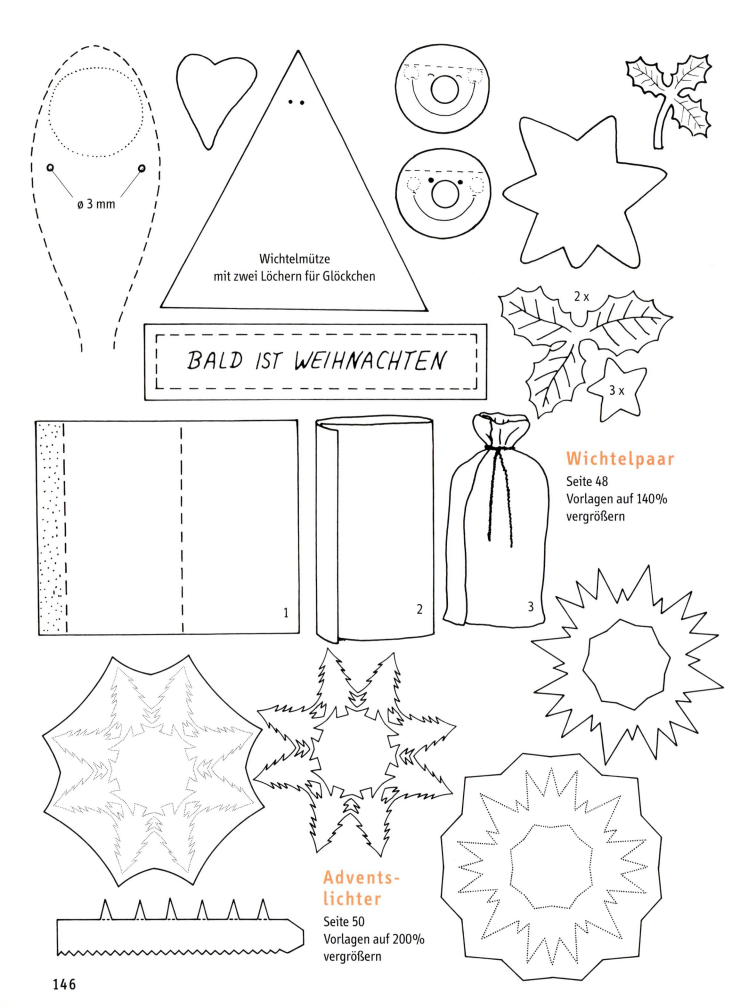

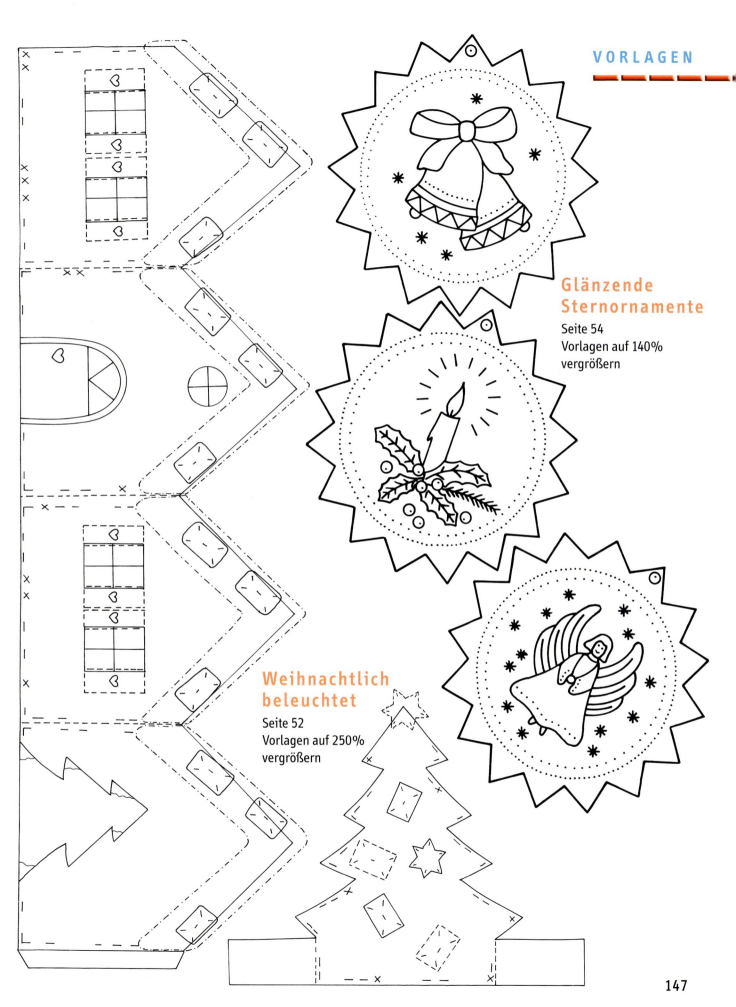

VORLAGEN

Glänzende Sternornamente

Seite 54
Vorlagen auf 140% vergrößern

Weihnachtlich beleuchtet

Seite 52
Vorlagen auf 250% vergrößern

Nikolaus und Nikobär auf der Piste
Seite 66/67
Vorlagen auf 200% vergrößern

Eine Ballonfahrt
Seite 68
Vorlagen auf 285% vergrößern

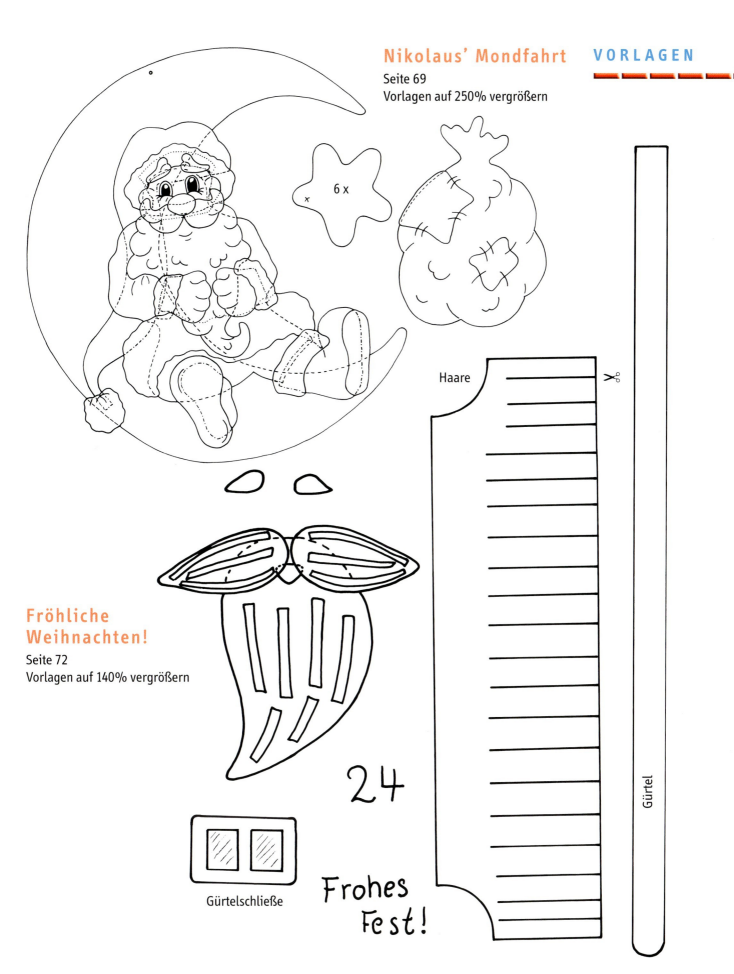

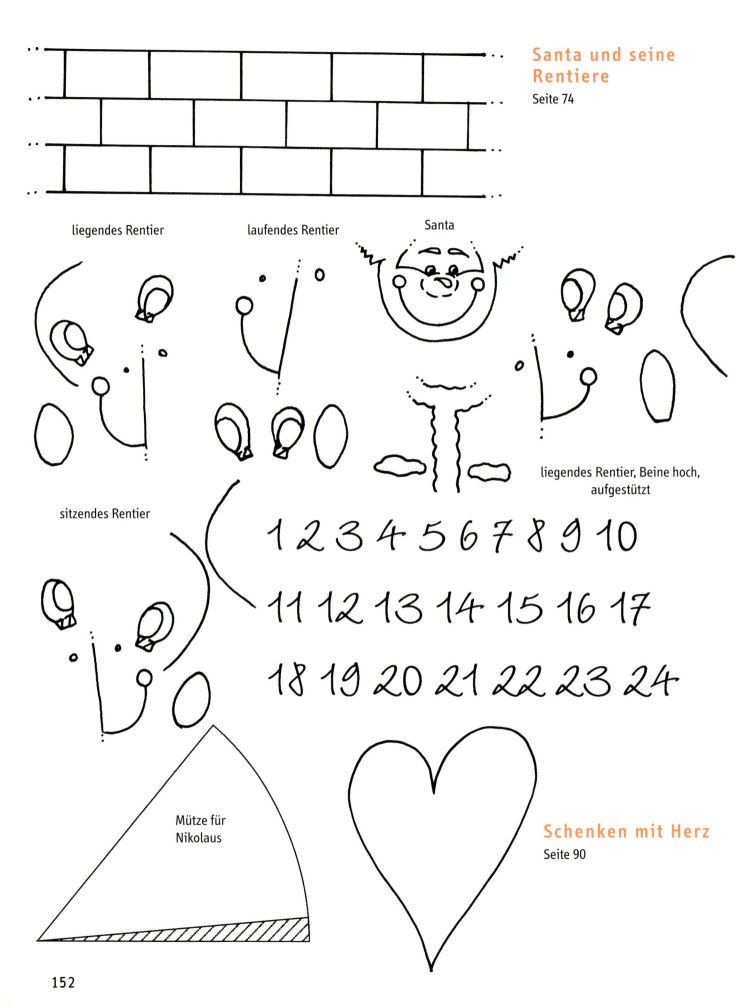

VORLAGEN

Nikolaus, der Bischof von Myra
Seite 76
Vorlagen auf 200% vergrößern

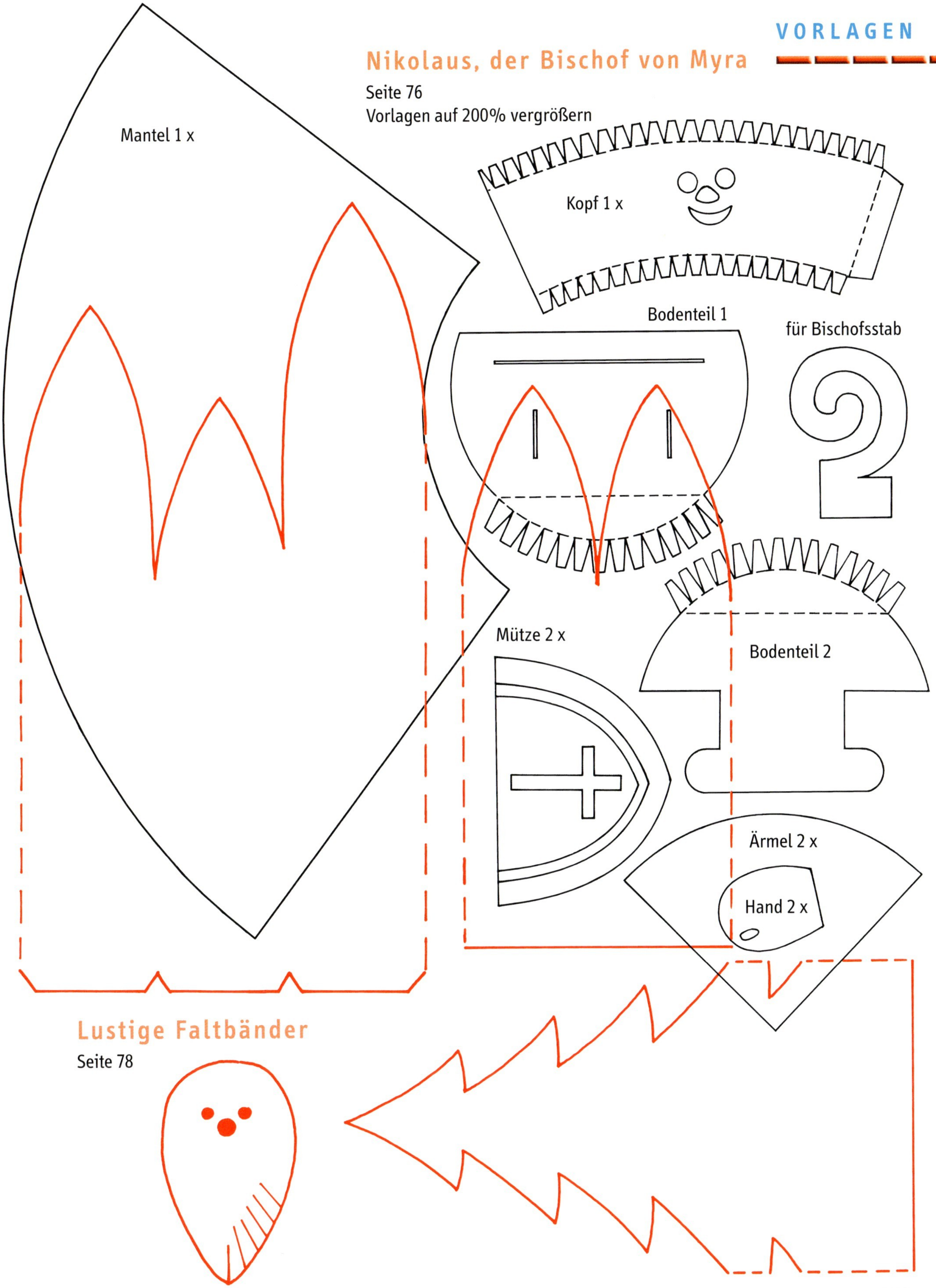

Mantel 1 x

Kopf 1 x

Bodenteil 1

für Bischofsstab

Mütze 2 x

Bodenteil 2

Ärmel 2 x

Hand 2 x

Lustige Faltbänder
Seite 78

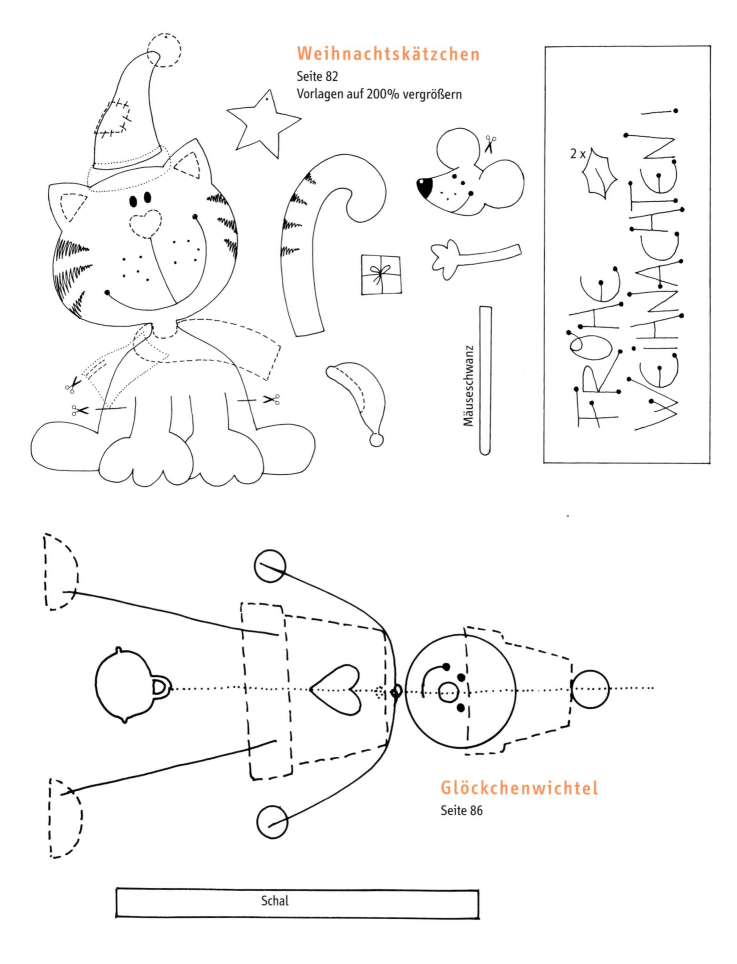

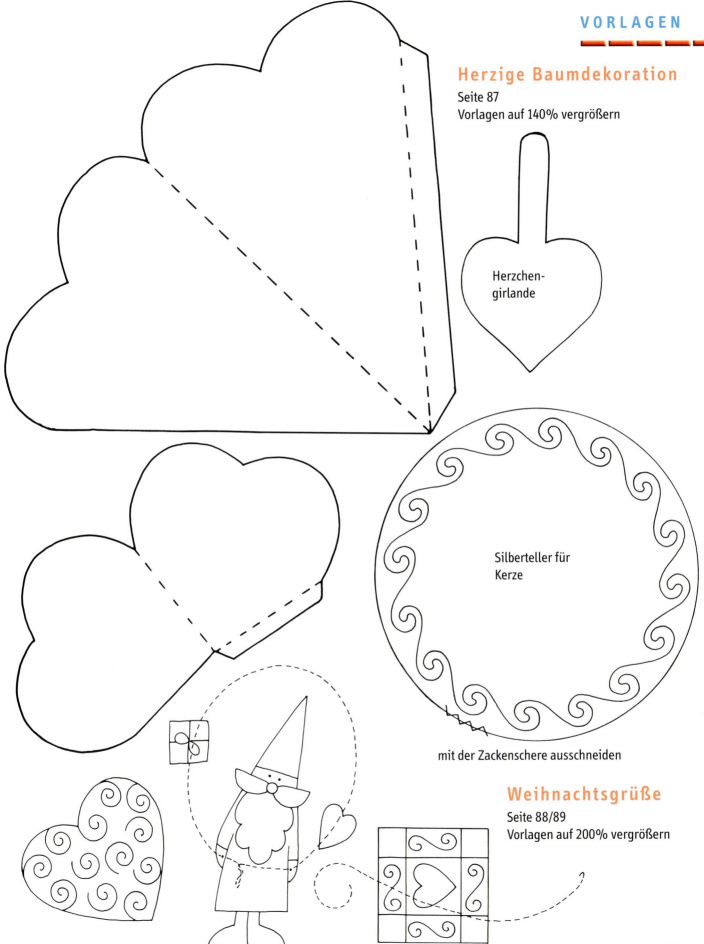

VORLAGEN

Herzige Baumdekoration
Seite 87
Vorlagen auf 140% vergrößern

Herzchengirlande

Silberteller für Kerze

mit der Zackenschere ausschneiden

Weihnachtsgrüße
Seite 88/89
Vorlagen auf 200% vergrößern

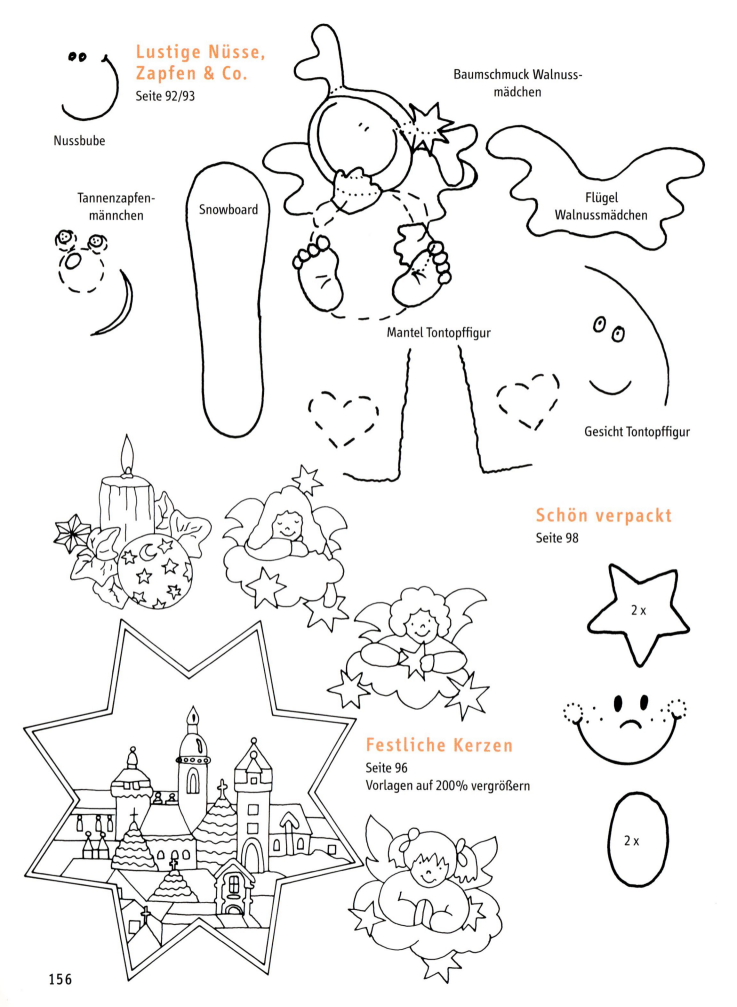

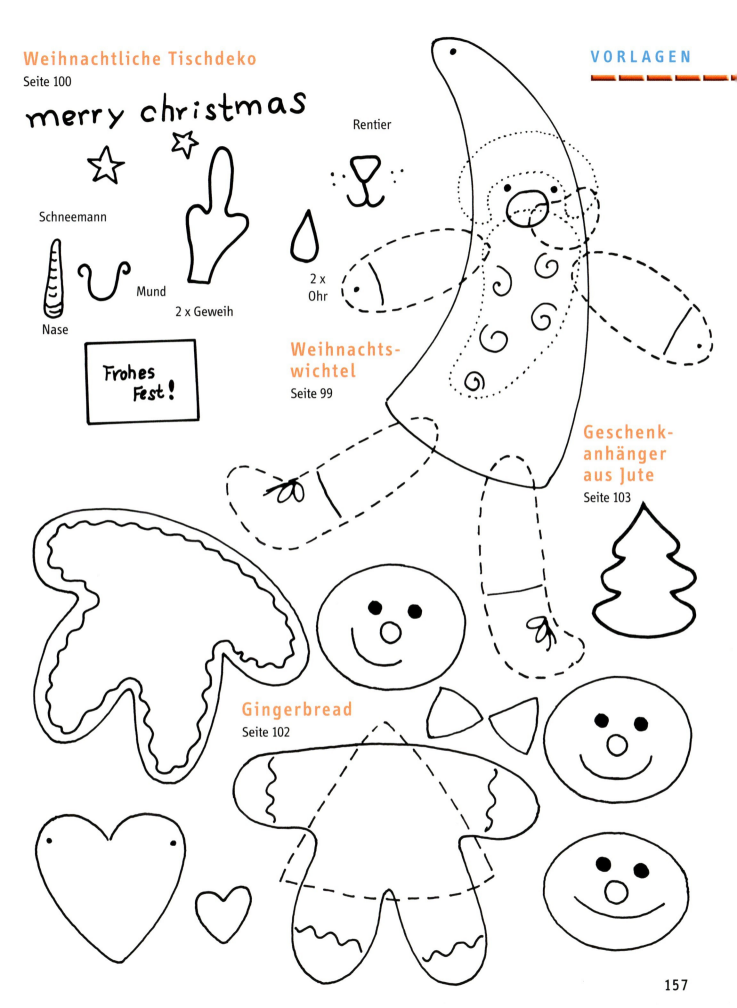

Die Heiligen Drei Könige

Seite 109
Vorlagen auf 200% vergrößern

VORLAGEN

Pailletten

x = Spiegel und Steine ankleben

Caspar, Melchior und Balthasar

Seite 108
Vorlagen auf 140% vergrößern

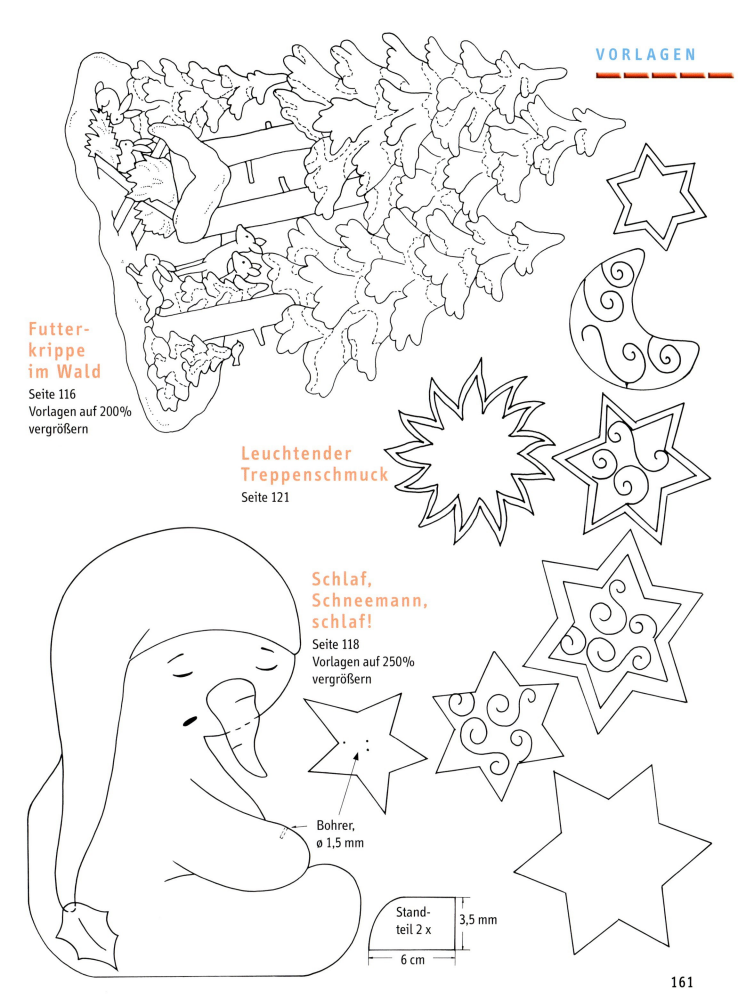

VORLAGEN

Futter-krippe im Wald
Seite 116
Vorlagen auf 200% vergrößern

Leuchtender Treppenschmuck
Seite 121

Schlaf, Schneemann, schlaf!
Seite 118
Vorlagen auf 250% vergrößern

Bohrer, ø 1,5 mm

Standteil 2 x
3,5 mm
6 cm

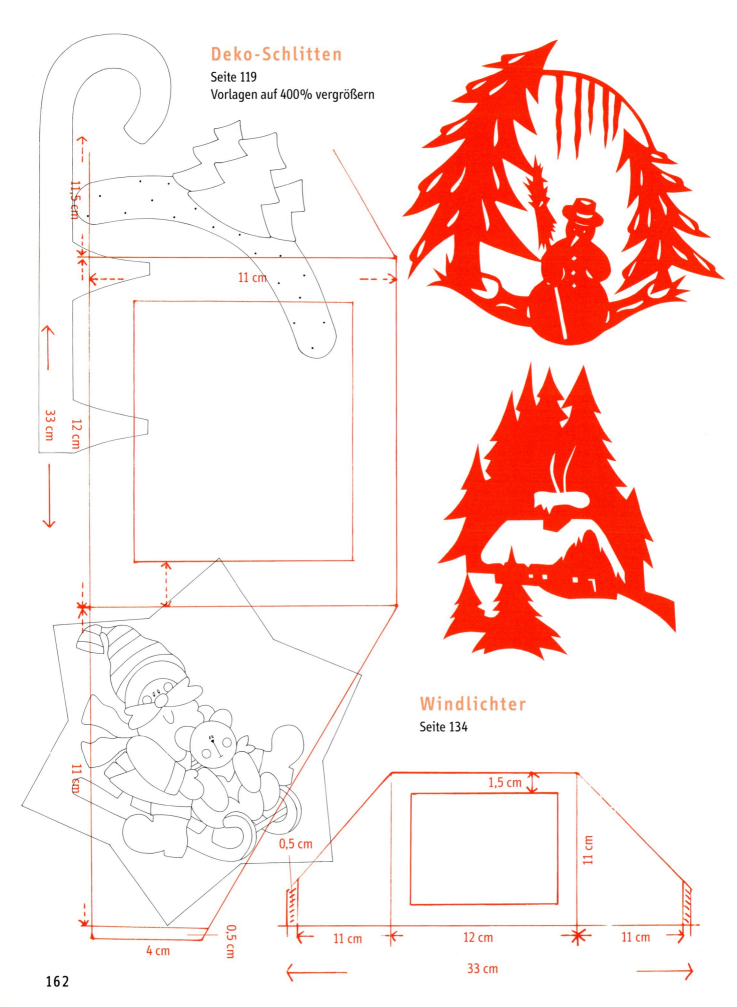

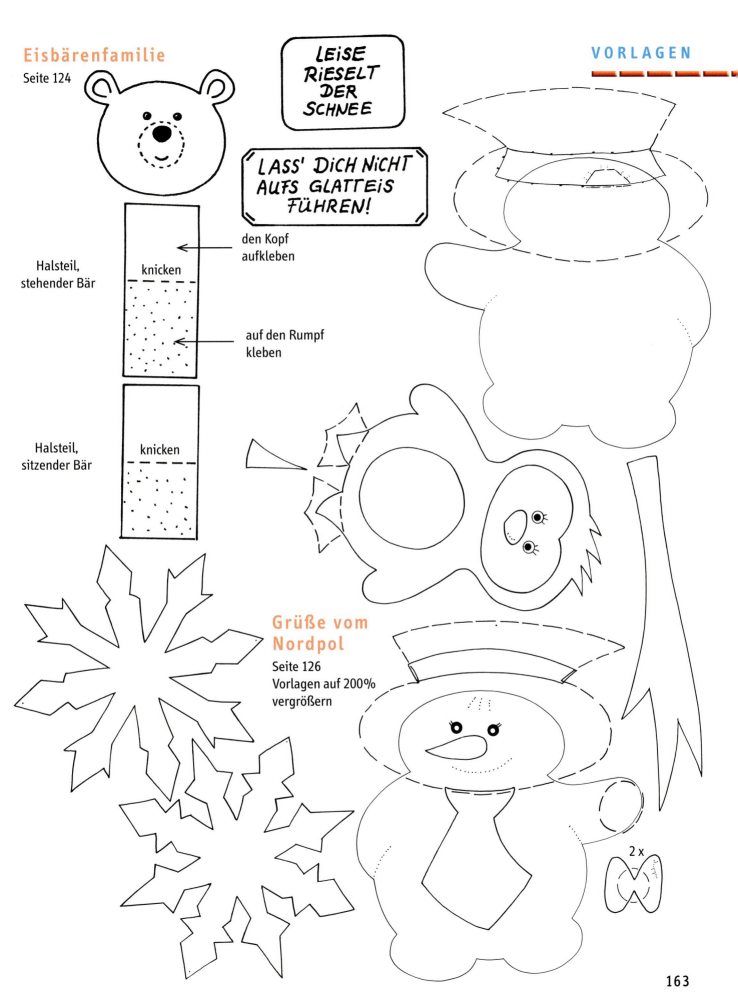

Weihnachtssocke und Anhänger
Seite 62

Mäuschen
Seite 95

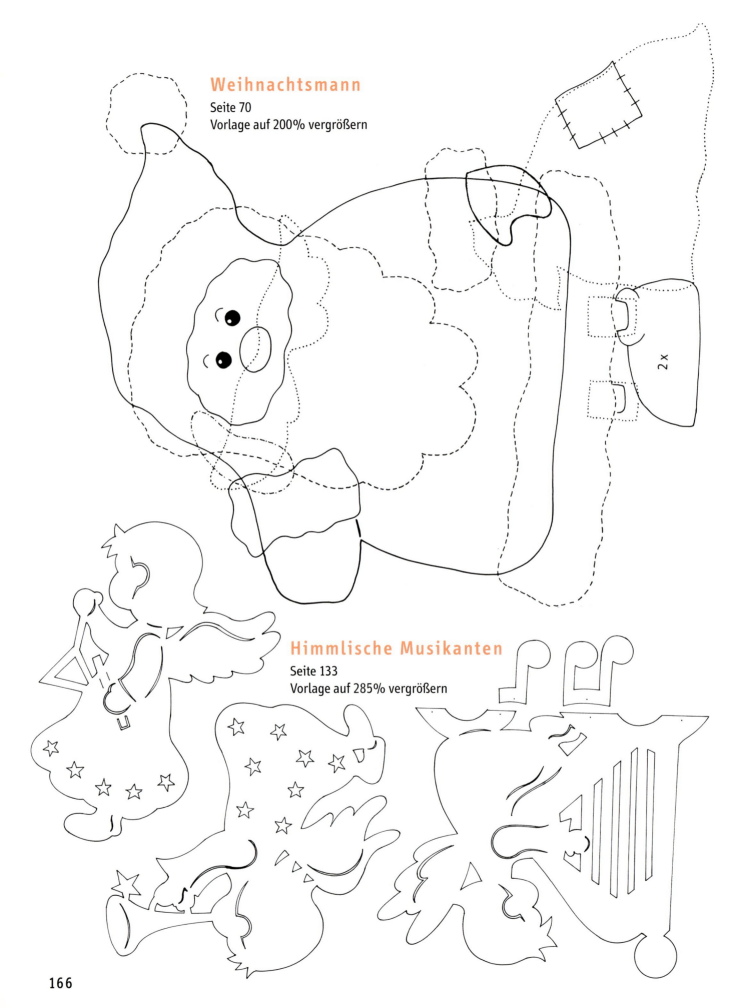

Weihnachtsmann
Seite 70
Vorlage auf 200% vergrößern

Himmlische Musikanten
Seite 133
Vorlage auf 285% vergrößern

Weihnachts-Alphabet

Seite 84/85
Vorlage auf 200% vergrößern

168

VORLAGEN

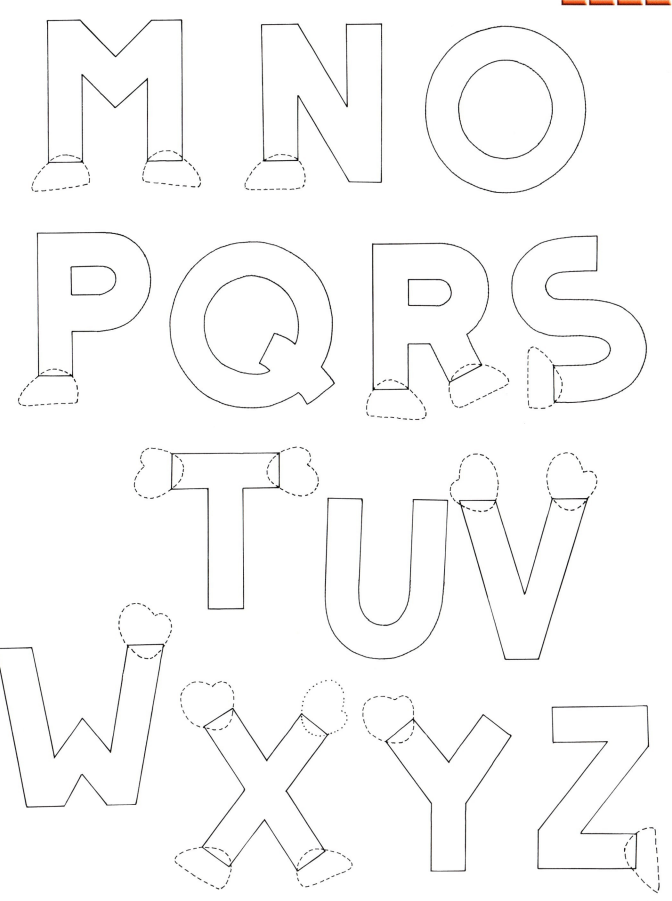

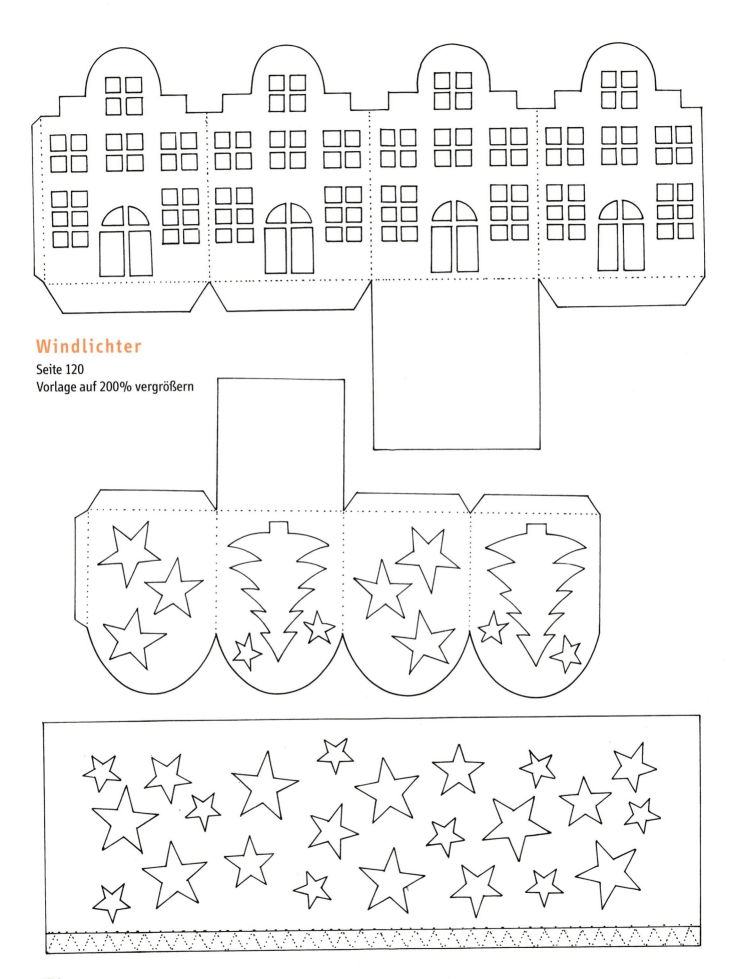

Windlichter

Seite 120
Vorlage auf 200% vergrößern

Schneezauber

Seite 128
Vorlagen auf 250% vergrößern

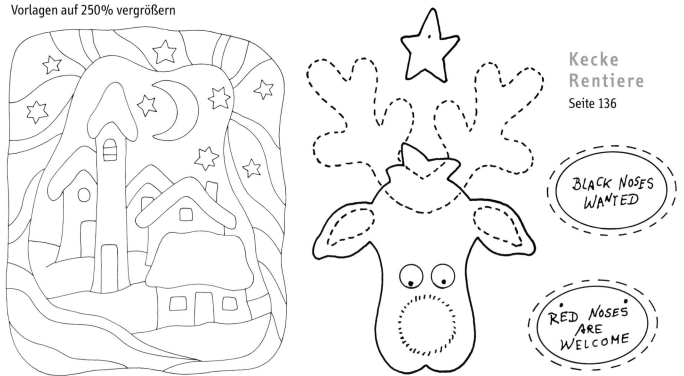

IMPRESSUM

MODELLE: Sandra Blum (Seite 91); Monika Berger (Seite 137); Tamara Franke (Seite 38, 60, 75, 92/93); Monika Gänsler (Seite 33, 34, 35, 57, 63, 64, 65, 94, 103, 118); Caren und Gisela Heim (Seite 96); Sigrid Heinzmann (Seite 73, 101); Gudrun Hettinger (Seite 36/37, 66/67); Siegline Holl (Seite 76, 117); Sylvia Hummel-Ruscher (Seite 132); Ute Iparraguirre De las Casas/Gudrun Schmitt (Seite 107); Angelika Kipp (Seite 14, 68, 120, 127, 133, 135); Karin Köppel (Seite 134); Susan Krug (Seite 113); Natalie und Annette Kunkel (Seite 18); Martina und Joachim Michalik (Seite 46, 50, 54); Kornelia Milan (Seite 26); Pia Pedevilla (Adventskranz Seite 16, 24, 70, 71, 82/83, 84/85, 86, 88, 89, 99, 102, 130); Anja Ritterhoff (Seite 22/23, 106, 129); Alice Rögele (Söckchen Seite 16); Heidrun und Hans H. Röhr (Seite 30, 43); Ankje Serke (Seite 122); Gudrun Schmitt (Seite 52, 98, 109, 114, 119, 121); Katrin Schrader (Seite 29); Martina Schröder/Marion Vogel (Seite 21, 69); Armin Täubner (Seite 20, 41, 47, 49, 61, 95, 108, 116, 124, 128, 136); Armin Täubner/Inge Walz (Seite 27, 28, 40, 55, 78); Gudrun Thiele (Seite 15, 87); Inge Walz (Seite 104/105); Ingrid Wurst (Seite 42, 45)

PROJEKTMANAGEMENT UND LEKTORAT: Andrea Wurdack

LAYOUT: DSP Zeitgeist GmbH, Ettlingen

UMSCHLAG: Katrin Röhlig

FOTOS: frechverlag Stuttgart GmbH; 70499 Stuttgart; Fotostudio Ullrich & Co. (übrige Fotos)

SCHRITTFOTOS: Sandra Blum (Seite 90); Monika Gänsler (Seite 8); Ingrid Heinzmann (Seite 72); Gudrun Hettinger (Seite 10); Andrea Hochstrat (Seite 6 oben); Angelika Kipp (Seite 5 oben/Seite 6, Fensterbilder filigrane Motive); Pia Pedevilla (Seite 9); Heidrun und Hans H. Röhr (Seite 31); Gudrun Schmitt (Seite 53); Katrin Schrader (Seite 7 unten); Armin Täubner (Seite 5 unten, 7 oben, 79); Ingrid Wurst (Seite 11)

DRUCK UND BINDUNG: Sachsendruck Plauen GmbH

Materialangaben und Arbeitshinweise in diesem Buch wurden von den Autoren/Autorinnen und den Mitarbeitern des Verlags sorgfältig geprüft. Eine Garantie wird jedoch nicht übernommen. Autoren/Autorinnen und Verlag können für eventuell auftretende Fehler oder Schäden nicht haftbar gemacht werden. Das Werk und die darin gezeigten Modelle sind urheberrechtlich geschützt. Die Vervielfältigung und Verbreitung ist, außer für private, nicht kommerzielle Zwecke, untersagt und wird zivil- und strafrechtlich verfolgt. Dies gilt insbesondere für eine Verbreitung des Werkes durch Fotokopien, Film, Funk und Fernsehen, elektronische Medien und Internet sowie für eine gewerbliche Nutzung der gezeigten Modelle. Bei Verwendung im Unterricht und in Kursen ist auf dieses Buch hinzuweisen.

Auflage: 5. 4. 3. 2. 1.
Jahr: 2014 2013 2012 2011 2010 [Letzte Zahlen maßgebend]

© 2010 **frechverlag** GmbH, 70499 Stuttgart

ISBN 978-3-7724-8625-8
Best.-Nr. 8625

Sonderausgabe für VGV Kinderland GmbH, Garbsen
www.kinderland.de